LICHTSCHLAG 63

FSC
www.fsc.org
MIX
Papier aus verantwortungsvollen Quellen
Paper from responsible sources
FSC® C105338

LICHTSCHLAG 63

Umschlag: Lichtschlag Medien Düsseldorf
Printed in Germany.

ISBN: 978-3-948971-12-0

Deutschland in der Psychofalle

Der lange Weg in den Wahnsinn

Burkhard Voß

Für Anne

Inhaltsverzeichnis

Vorwort

In Selbstzerfaserung, Aufspaltung und Atomisierung des Westens hat es Deutschland zur Meisterschaft gebracht. Es verliert sich im Kleinklein, denkt sich ethisch hoch und hat für die Realität keinerlei Gespür mehr. Beispiel CO^2-Reduktion. Deutschlands Anteil beträgt global gesehen gerade einmal 2 %. Heißt im Umkehrschluss: Deutschland kann den CO^2-Ausstoß verdoppeln, beibehalten oder auf null fahren, die Wirkung auf das Weltklima wird mit hoher Wahrscheinlichkeit bei null liegen. Doch in dem Land, was am wenigsten bewirken kann, finden die hitzigsten Diskussionen statt. Ein Hauch von „Am deutschen Wesen mag die Welt genesen“ (Emanuel Geibel, 1815 – 1884) liegt in der Luft.

Auch sonst macht Deutschland den größten Blödsinn mit – und finanziert ihn! Beispielsweise den sogenannten „Glottisschlag“ in den öffentlich-rechtlichen Medien ARD und ZDF. Das sind die exakt 0,75 Sekunden andauernden Sprechpausen, beispielsweise zwischen „Bürger“ und „*Innen“. So eine Art Behindertensprech. Da aber Behinderte nach der *Political Correctness* Menschen mit besonderen Eigenschaften sind, sollen sich die Bürger diese besonderen Eigenschaften wohl zum Vorbild machen. Je nach Befragung lehnen 70 % bis 80 % der Deutschen die gendergerechte Sprache ab, finanzieren sie aber trotzdem durch die GEZ-Zwangsgebühren.

Trotz höchster Sozialabgaben, längster Urlaubszeiten und eines der besten Gesundheitssysteme sind die Deutschen auch Weltmeister im Stöhnen, doch es ist nicht das Stöhnen von Jane Birkin in ihrem Kultsong *Je T'aime* von 1969. Es ist das Leistungsverweigerungsgestöhne, das im Burnout seine medizinisch abgesicherte Rechtfertigung gefunden hat. Neben dem Stöhnen hat sich seit Jahrzehnten auch ein angstgetriggertes Gewisper und Geflüster entwickelt. Angst zu beleidigen, Angst anzuecken, Angst entdeckt zu werden – selbst wenn es die Wahrheit ist, die dabei entdeckt werden könnte.

Wenn die Deutschen nicht so atheistisch wären, hätten sie der Angst schon längst eine Kirche gebaut. Der Satz „Ich habe Angst" ist mittlerweile eine rhetorische Keule, die die Moralkeule Auschwitz schon lange übertroffen hat. Ein Argument kann noch so logisch, validiert und wissenschaftsbasiert sein, wenn jemand „Ich habe Angst" sagt, ist das alles null und nichtig.

Auch sonst lässt sich Deutschland von seinen irrationalen Ängsten und Befürchtungen fast schon lustvoll besiegen. Wittert überall Gift in der Nahrung, obwohl das Wort Nahrungsmittelvergiftung auf einem Totenschein so selten steht wie ein Veganer in der Metzgerei. Andererseits ritzen sich Veganer Schadstoffe mit krebserregendem Potential in die Haut und regen sich gleichzeitig über Schadstoffe in der Nahrung auf.

Fällt der Deutsche auf seinem Gutmenschentrip hin, versucht er nicht, wie Briten, Franzosen, Italiener, Amerikaner, etc. wieder auf die Beine zu kommen, sondern hält erst einmal Ausschau, wen er verklagen könnte. Denn in seinem heiligen System des Sozialstaates ist niemand mehr für sich selbst verantwortlich, sondern stets Opfer der Umstände, der Herrschaftsstrukturen, der Vorurteile, der Geschlechter Stereotype – und der Bekloppten und Bescheuerten, die an diesen ganzen Mist glauben.

Wer nicht erfolgreich ist, begibt sich in Therapie. Diese predigt Achtsamkeit als Lebenschance und macht Schicksale und ganz normale Lebensbelastungen zu Traumata. So das Amen in der Kirche der Psychologie. Wo früher Theologie war, ist Psychologie heute. Der deutsche Michel glaubt, die Psychologie sei so wahr wie eine Naturwissenschaft. Das ist sie aber nicht. Von den objektiven Erkenntnissen der Naturwissenschaften Physik und Chemie ist sie Lichtjahre entfernt. Stattdessen macht sie einen artigen Knicks nach dem anderen vor dem Zeitgeist und wird so zum Katalysator der Dynamik „Normale Lebensproblematik raus, psychisch krank rein“. Der deutsche Michel glaubt auch das und berauscht sich an der Psycho- und Ratgeberliteratur. Diese lädt ihn ein zu einer immer tieferen Nabelschau und er glaubt an die Klimarettung durch Deutschland, Empathie als Lebensprinzip, grundsätzliche Gleichheit aller Menschen bis in den letzten DNA-Zipfel hinein und manchmal auch an die Genderideologie.

Durch die Corona-Krise hat zumindest dieses Unterhosengeschrei eine kleine Verschnaufpause bekommen. Von allen staatlichen Seiten bekommen nun die Bürger des Westens und der deutsche Michel die Megabotschaft zu hören, dass das Leben behütet werden muss wie eine zarte Pflanze der zerbrechlichsten Art. Wenn Gesundheit zur Ersatzreligion geworden ist, so ist dies nun die ideale

Botschaft, mit der die Bürger alles mit sich machen lassen. Besonders der deutsche Bürger macht den ganzen Blödsinn schön brav mit, ob Energiewende, Genderideologie, Tiervergötterung, Ernährungstics, inflationäre Ausweitung des Begriffes „psychisch krank“, Hautklecksereien mit lebenslanger Haltbarkeit, Heroisierung von sexuellen Andersartigkeiten, Homophobie, Transphobie, Xenophobie, Diversität als Lösungsschlüssel für alle Probleme – klar, jede Epoche hat ihren ganz speziellen Tiffeltöffelkram, aber irgendwie werde ich den Eindruck nicht los, dass in der gegenwärtigen davon so viel produziert wird, dass man als Satiriker, Polemiker oder Kabarettist einfach nicht mehr mitkommt. Warum es sich dabei um zumindest Übertreibungen, wenn nicht um Halluzinationen der besonderen Art handelt, davon handelt dieses Buch.

Halluzinationen der besonderen Art
Psychologie ist der Schlüssel zum Glück

Genau. Deswegen hatten Angela Merkel und die Bundesregierung nach einer Meinungsumfrage auch beschlossen, die Stellen von Anästhesisten und Chirurgen bei Notfall- und Katastropheneinsätzen zu reduzieren und vermehrt Psychologen und Seelsorger zum Zuge kommen zu lassen. Als dann bei einem Großbrand im Berliner Regierungsviertel 43 Parlamentarier nicht operiert werden konnten und ein aufgetauter Dressman mit exakt gezogenem Scheitel und etwas blass wächsernen Gesichtszügen nur noch „Ich habe da keine Erklärung für…ich habe dem nichts mehr hinzuzufügen" x-mal in die Mikrofone stammelte, dämmerte es nicht nur dem Gesundheitsminister, dass hier eine krasse Fehlentscheidung vorlag.

Kleiner Scherz am Rande. Oder würde man das Angie und ihren Beratern doch zutrauen? Wer weiß. Die sprechende Medizin hat den Nimbus einer allmählichen, sanften, aber nachhaltigen Wirkung ohne Nebenwirkungen. Eben ein typischer Mythos der Reflexivkultur, der genauso falsch ist, wie die gute Wirkung von Johanniskraut bei Depressionen inklusive Nebenwirkungsfreiheit. Das steckt in vielen Köpfen drin, stimmt mit der Realität aber nicht überein. Johanniskraut kann in bestimmten Konstellationen sogar lebensgefährlich sein, beispielsweise bei Patienten, die wegen erhöhter Thromboseneigung das Medikament Marcumar zur Blutverdünnung einnehmen müssen. Johanniskraut führt dann dazu, dass Marcumar vom Organismus schneller abgebaut wird. Somit reduziert sich die Blutverdünnung und die Thrombosegefahr steigt wieder. Das weiß kaum jemand, der den Satz „gibt's da nicht was Pflanzliches, ich mag keine Chemie“ abspult. Ebenso unbekannt ist die Tatsache, dass ein Glas Grapefruitsaft (ist zwar kein Medikament, wird aber als Obst bzw. als Pflanze automatisch mit „gut“ assoziiert) die abbauenden Enzyme vieler und häufig eingesetzter Blutdruck- und Herzmedikamente für zwei bis drei Tage so drastisch hemmt, dass in der Konsequenz diese Medikamentenkonzentrationen im Blut rasch in toxische Bereiche schnellen und die meist betagten Patienten vital gefährden. Nur pflanzliche Medizin ist die gute Medizin – dieser Mythos hat schon gewaltige Risse bekommen.

Noch ganz zart sind die Risse der sprechenden Medizin, aber sie werden schon zusehends größer. Das fängt schon damit an, dass Patienten über Probleme, ihre Unfähigkeit, sie zu lösen und somit über negative Erfahrungen sprechen müssen, und das in der Regel nicht nur einmal. Es ist eine Grundtatsache der Psychologie, dass dies dann auch zu einer negativen Gefühlslage führt. Das soll natürlich nicht so bleiben. Denn am Ende der Psychotherapie erwarten den Patienten neue Sichtweisen, Strategien und zumindest eine teilweise Lösung seines Problems. So die Theorie. In der Praxis weiß man schon lange, dass psychisch schwerkranke Patienten häufig nicht von einer Psychotherapie profitieren und sich ihr Zustand teilweise verschlechtert. So konnte der Hamburger Psychologieprofessor Eckert (2012) nachweisen, dass unabhängig vom Schweregrad der Erkrankung 40 % aller Patienten von der Psychotherapie nicht nur keine Verbesserung erfahren, sondern sich ihr Zustand auch verschlechtert. Was die gesetzlichen Krankenkassen nicht hindert, jeden Antrag auf Psychotherapie zu bewilligen, egal ob es sich um Liebeskummer eines Studenten oder Berentungssehnsüchte eines Burn-out-Opfers handelt. Das Psychovokabular klingt dann natürlich anders, komplex-kompliziert und mit Bedeutung hoch aufgeladen wie „tiefgreifend gestörte Verhaltensmuster (= kann sich nicht benehmen), emotionale Vernachlässigung im Kindesalter (= musste schon mal in der Küche helfen), Identitätsunsicherheit (= wusste mit 15 nicht genau, ob er lieber Astronaut oder Gehirnchirurg werden wollte)“ etc. In der Betroffenheitskultur kann sich dem niemand entziehen. Aber wenn die sprechende Medizin so erfolgreich ist, dann müssten ihre Protagonisten, sprich Ärzte und Therapeuten, die gesündesten und glücklichsten Menschen sein. Wie passt dies zu dem Faktum einer erhöhten Suizidrate bei Ärzten allgemein und insbesondere bei Psychologen und Psychiatern im Vergleich zu anderen Berufsgruppen? Wie gesagt, die Risse werden größer. Trotzdem ist ein Ende des Psychobooms nicht abzusehen. Das könnte daran liegen, dass Frauen, gemäß dem Spiegel-Redakteur Jan Fleischhauer („Unter Linken“) die erfolgreichste Opfergruppe der Welt, mehr kommunizieren und verbalisieren als Männer. Insbesondere wenn es um Gefühle geht. Und genau das ist wieder ein wesentlicher Baustein der Psychotherapie. So kann es auch nicht verwundern, dass Psychologen in der Ausbildung zum Verhaltenstherapeut an der Heinrich-Heine-Universität Düsseldorf im 1. Halbjahr 2015 zu über 90 % weiblich waren. Ganz sicher kein Düsseldorfer Spezifikum. Auch an anderen Universitäten überwiegen sowohl in der Medizin wie in der Psychologie die weiblichen Studenten, was sich in der Ausbildung zum Psychotherapeuten nahtlos fortsetzt. Doch in einem liegen die Männer ganz klar vorne, nämlich in der Besetzung der Lehrstühle im Bereich der Psychosomatischen Medizin und Psychotherapie. Diese Fächer sind nahezu alle von Männern besetzt. Psychotherapie kann manchmal sehr kräftezehrend und frustran sein. Geschickterweise entziehen sich Männer dieser anstrengenden Praxis und wählen dann doch lieber die wissenschaftliche Laufbahn.

Die Traumalüge oder die Gier nach dem Opferstatus

Sie waren nicht Opfer einer Naturkatastrophe, einer Kampfhandlung oder eines Kriegseinsatzes? Auch sind Sie nicht vergewaltigt worden? Kein Problem. Auch Sie können eine posttraumatische Belastungsstörung (PTBS) entwickeln, einschließlich des damit verbundenen, unanfechtbaren Opferstatus, der Sie moralisch integer macht und von jeglicher Eigenverantwortung befreit. Schon nach den derzeitigen Kriterien muss man keine Katastrophen erlebt haben. Deren Zeuge gewesen zu sein reicht schon aus. Beispielsweise als Zuschauer des Films „Rosemaries Baby". Hier sollte man konsequent sein, auch wenn Konsequenz nach dem amerikanischen Philosophen und Dichter Emerson (1803-1882) ein Kobold ist, der in engen Köpfen spukt. Nach dem Volksglauben sind Kobolde ambivalente Wesen, die nicht nur Krankheiten und Unglück verursachen, sondern auch wertvolle Ratschläge geben. Und was kann für Therapeutenzunft und Psychoindustrie wertvoller sein, als die ständige Vermehrung psychischer Krankheiten? Selbstverständlich kann die Pflege eines todkranken Angehörigen ganz schön emotional belastend sein. Ist der Pflegende deswegen automatisch traumatisiert und psychisch krank? Eindeutig ja, wenn man einigen federführenden Psychotraumatologen folgt. Genauso wie eine Fehlgeburt oder das Begräbnis der plötzlich und unerwartet verstorbenen 98-jährigen Urgroßmutter. Und sind wir doch mal ehrlich: Die total ungerechte Kündigung nach 15 Jahren Betriebszugehörigkeit durch einen völlig inkompetenten und moralisch verkommenen Vorgesetzten kann schon mal heftige Alpträume provozieren. Auch tagsüber, nur heißen die dann nicht mehr so. Dann benutzt man den zackigen Anglizismus Flashback. Dieser „Rückblitz" soll ein typisches Merkmal einer PTBS sein. Ganz sicher ist es ein Terminus aus der Filmwelt und bezeichnet eine bestimmte Schnitttechnik der Filmproduktion. Es gibt Untersuchungen, die gezeigt haben, dass Flashbacks erst durch die Verbreitung von Film und Fernsehen als mögliches Symptom in einer Bevölkerung auftreten und somit kulturspezifisch sind.

Psychiatrie und Psychotherapie als die kulturabhängigsten medizinischen Fachgebiete laufen Gefahr, dass im Mainstream von postmoderner Subjektivierung und Relativierung die diagnostischen Kriterien immer weiter abgesenkt werden, bis in Kürze jede Befindlichkeit, die einem irgendwie nicht in den Kram passt, zur psychischen Erkrankung hochstilisiert wird. Wenn die gängigen diagnostischen Kriterien immer noch nicht ausreichend sind, wird eben das Zauberwörtchen „komplex" vorangesetzt, ob komplexe PTBS oder komplex-familiärer Hintergrund. Genauso wie man mit „modern" den größten Blödsinn schönreden kann, kann mit „komplex" jedes negative Gefühl irgendwann in eine internationale Klassifikation psychischer Erkrankungen aufgenommen werden. Was die Universalpathologisierung menschlicher Emotionalität angeht, da will auch die Justiz nicht zurückstehen, einschließlich ihrer Opferanwälte und sonstiger Entschädigungsakrobaten. Diese ungewöhnliche Bezeichnung kann durchaus treffend sein. 1995 wurde der Fall des gesunkenen Fischereifahrzeugs *Aleutian Enterprise* bekannt, wo Rechtsanwälte überlebende Matrosen mit Symptomlisten gezielt darauf vorbereiteten, eine posttraumatische Belastungsstörung zu simulieren. Dass die Diagnose der PTBS seit der Aufnahme in das Klassifikationssystem des DMS-III exponentiell zugenommen und weltweit die wohl am häufigsten simulierte Erkrankung ist, sollte bei der Pflicht zur Hilfe nicht in völlige Vergessenheit geraten. Auch und gerade angesichts der Flüchtlingskrise. Schon beginnen einige kommunale Behörden ihre Mitarbeiter in Pflichtfortbildungen zu schicken mit dem Thema: „Wie gehe ich mit traumatisierten Flüchtlingen um?“ Ohne Zweifel in guter Absicht. Aber schon für psychiatrische Fachärzte und Psychologen ist es nahezu unmöglich, nur durch das Gespräch eine Traumatisierung valide zu diagnostizieren. Das Motto dieser Fortbildungen scheint wohl zu lauten: „Wir können eine Traumatisierung nicht sicher erkennen, wissen aber ganz sicher, wie wir mit ihr umzugehen haben.“ Sicher gut für ein gutes Gewissen.

Wenn Traumafolgestörungen derzeit geltend gemacht werden, so geht es vor deutschen Gerichten kaum um Kriegshandlungen, Schiffsuntergänge oder Flugzeugabstürze. So können nach dem sozialen Entschädigungsrecht oder der gesetzlichen Unfallversicherung schon lautstarke verbale Auseinandersetzungen im Berufsleben zu einer entschädigungspflichtigen psychoreaktiven Belastung führen. Um dem vorzubeugen, gibt es demnächst bestimmt einen Empathie-Coach. Denn es geht ja nicht nur darum, was der eventuell Geschädigte erlebt hat, sondern auch darum, wie er es erlebt hat. Das wiederum hängt natürlich auch von der Kindheit ab, natürlich gefühlt, nicht wie sie tatsächlich war. Was sich prinzipiell auch nicht überprüfen lässt, da Zeitreisen in die Vergangenheit noch nicht zum Untersuchungsrepertoire von Therapeuten gehören. Unabhängig davon biegt sich das Gedächtnis alles so zurecht, wie es am besten zum Opferselbst passt. Natürlich bin ich Opfer der Gefrierfachatmosphäre im Elternhaus, Opfer einer oberflächlichen, demoralisierten, konsumwütigen Gesellschaft und Opfer einer politisch unkorrekt gedrillten DNA. Das Ganze kann man medizinisch-juristisch hübsch weiter durchdeklinieren, bis im deutschen Bundestag ein Gesetz erlassen wird, das den Fernsehsendern verbietet, mehr als sechs Stunden pro Tag über Naturkatastrophen und Krieg zu berichten, um ja keine PTBS zu provozieren. Ein absurdes Beispiel? Wahrscheinlich – und doch näher an der Realität, als man zunächst vermuten würde. So wurde 2005 auf dem Kongress der *American Psychological Association* in New York vorgetragen, dass mehr als sechs Stunden Fernsehkonsum über die Anschläge vom 11. September zu mehr PTBS-Symptomen geführt hätten als bei Betroffenen und deren Angehörigen. Dies ist längst widerlegt. Aber wenn selbst Fernsehkonsum für eine PTBS zumindest gedanklich verantwortlich gemacht wird – um wie vieles mehr muss dann die Versuchung sein, ganz normale Unfälle, Schicksale, Krankheiten und Missgeschicke als traumatisierend zu bewerten? In dem achterbahnartigen Tempo der letzten 30 Jahre von *cortical* nach *subcortical* ist aus „Ich denke, also bin ich" schon längst „Ich leide, also bin ich“ geworden. Höchste Zeit, sich um die nicht minder wahren, aber trotzdem bedeutsamen Ursachen der Traumahysterie zu kümmern. Hierzu muss man kein glühender Psychodynamiker oder gar Psychoanalytiker sein. Wenn ich Opfer bin, bin ich entlastet durch das Auffinden der einen Ursache für mein Jammertal und brauche mich nicht mehr mit der komplexen (ja, in diesem Zusammenhang sollte man das Zauberwörtchen stehen lassen) Wirklichkeit auseinanderzusetzen, und schon gar nicht mit mir selbst, meinen eigenen unangenehmen Seiten und Defiziten. Im Zeitalter der narzisstischen Selfie-Fetischisten ist dies wohl ein unwiderstehliches Gebräu.

Schlecht gelaunt war gestern – Psychisch krank ist heute

Montag, die neue Woche ist nur wenige Stunden alt, aber beim Mittagessen ist Ihnen schon der Appetit vergangen, was nicht an der Arbeit liegt. Auch nicht am Gift in der Nahrung. Eher liegt es an ganz bestimmten Kollegen, einer sitzt direkt gegenüber. Aus seinem Gesicht kommt nur eine Botschaft: Die Welt kotzt mich an, dazu purzeln aus seinem Mund die Klagen über den gestörten Chef, die gestörte Frau, gestörte Blagen. Negative Gedanken können Anzeichen einer Depression sein. Ob ich ihn darauf ansprechen soll, fragen Sie sich. Psychoratgeber würden diese Frage spontan mit „Ja" beantworten.

Nachmittagsmeeting. Die neue Kollegin sieht verdammt gut aus, kommt aber maximal verbissen rüber. Das Vorfühlen zum Smalltalk wird beantwortet mit: „Stör mich nicht, muss mich auf meinen Vortrag konzentrieren." Kurz darauf wirkt sie, als hätte man ihr zwischen den Ohren einen neuronalen Gute-Laune-Transfer verpasst. So ein rascher Wechsel der Emotionen könnte doch auf eine emotional instabile Persönlichkeit hindeuten, irgend so etwas hatte doch der Betriebspsychologe beim letzten Psychoworkshop gefaselt. Vielleicht sollte man ihr das bei passender Gelegenheit empathisch geschickt nahebringen. Sie braucht sicher professionelle Hilfe. Oder sie hat die übliche östrogenbedingte Gehirndysbalance.

Geschafft. Meeting zu Ende, Happy Hour kann beginnen. – Und hört ganz schnell auf, als der Kollege aus der Finanzbuchhaltung seinen familiären Gedönsrat auspackt, als da wären: Sohn mit Leistungsvermeidungsdiagnose Hochsensibilität, Vater mit Burn-out, Tochter mit Aufschiebeverhalten, die medizinisch korrekte Bezeichnung für Faulitis. Alle drei kommen aber irgendwie zurecht. Doch das sieht der Kollege nicht. Stattdessen jagen die Sätze „Und was ist, wenn …“ sowie „Ja, aber …“ um die Wette. 1.000 Sorgen, Nöte und Befürchtungen machen die Welt um ein Vielfaches schlechter, als sie ohnehin schon ist. Ob man ihm das psychologisch geschickt vermitteln sollte, vielleicht hat er ja eine Angststörung. Schließlich ist die Bedienung, die die Cocktails auf die Theke knallt, auch nicht mehr ganz im Takt, ihre schlechte Laune scheint sich zwischen rotzfrech und sprich-mich-bloß-nicht-an eingependelt zu haben. Eben eine Femina Negativissima par excellence. Welch psychologisch versierter Zeitgenosse soll sich nur um sie kümmern?

Stopp. Zunächst einmal sollten Sie sich um sich selbst kümmern. Denn die moderne Welt ist schon komplex-kompliziert genug. Das kostet Zeit, Energie und Nerven. Die sind zu kostbar für schlechtgelaunte Zeitgenossen. Sie sind auch kein Psychiater oder Psychologe. Den Titel „Master of Küchenpsychologie“ wünschen Sie sich auch nicht. Hinter schlechter Laune können sich eine Fülle von psychischen Erkrankungen verstecken, ob Depressionen, Angst- oder Persönlichkeitsstörungen, Süchte oder was auch immer. Aber dafür sind Sie nicht zuständig. Schließlich doktern Sie auch nicht an Hautausschlägen herum oder veranlassen bei Kopfschmerzen eines Kollegen eine Computertomographie. Schlechte Laune ist zunächst einmal schlechte Laune. Das Schlimme an ihr ist die Negativität. Sie ist hochansteckend, noch infektiöser als Meningitiserreger. Getriggert wird das Ansteckungspotential durch den, der dem schlechtgelaunten Zeitgenossen helfen möchte. Allein durch die gedankliche Beschäftigung mit Negativem sinkt die eigene Laune. Es wird auch niemand mit einem freudestrahlenden Gesicht aus dem Klimakatastrophen-Thriller „The Day after Tomorrow" herauskommen. Viele schlechtgelaunte Zeitgenossen wollen auch nur nörgeln und jammern bei null Veränderungsbereitschaft. Wer hier sein Helfersyndrom ausleben will, schraubt seine gute Laune noch schneller runter. Denn in diesem Fall kommt es zu keiner Addition der psychischen Energien, sondern zu einer Multiplikation. Selbst wenn Sie 50 Prozent Ihrer Energie einbringen und der Miesepeter null Prozent Engagement zeigt, so erreichen Sie keine Stimmungsverbesserung von 50 Prozent bei ihm, sondern das Resultat bleibt null. Das ist ein wichtiger Grund, warum die Rate an Depressionen in helfenden Berufen so hoch ist. Mit dramatischen Konsequenzen. So zeigt sich in nahezu allen Studien, dass die Suizidraten von Ärzten über der von anderen Berufsgruppen liegen und dass sie insbesondere bei Psychiatern erhöht ist. Da wollen Sie sich doch nicht einreihen, oder?

Das heißt nicht, dass man schlechtgelaunte Zeitgenossen rausmobben oder in Quarantäne schicken müsste. Man kann freundlich, distanziert und ohne Infektionsrisiko mit ihnen umgehen.

Wie? Das fängt schon mit der Körpersprache an. Schon durch eine klare und aufrechte Körperhaltung in Verbindung mit einer freundlichen, aber festen Stimme wird signalisiert: Ich akzeptiere dich so, wie du bist, lass mich aber nur begrenzt auf dich ein. Sie bleiben ein guter Kumpel, auch wenn Sie sich nicht zum psychosozialen Mülleimer machen. Vermitteln Sie auch klar Ihre Situation: „Dass du schlechte Laune hast, ist okay, haben wir ja alle mal. Aber ich arbeite gerade an einem wichtigen Projekt und brauche dafür mein volles kreatives Potential, so dass ich dir leider nicht helfen kann. Es gibt sicher Freunde, Bekannte oder wen auch immer, der dir Rat geben kann."

Das ist ein wenig gegen den Mainstream von Empathie und Psychoboom, aber genau diesem Mainstream haben wir es zu verdanken, dass manche Behörde oder Abteilung in Deutschland mehr einer Selbsthilfegruppe als einem Arbeitsplatz gleicht.

Dauernörglern kann man ihr Verhalten auch ruhig mal provokant spiegeln und mit süffisantem Lächeln erwidern: „Ja, ja, du hast vollkommen recht, das Leben ist fies, schmutzig und gemein. Um das zu ändern, muss Deutschland auf die Couch. Nur du nicht." Oder: „Sehe ich ganz genauso, das irdische Dasein ist ein Tal der Tränen, steht schon in der Bibel."

Sollte das Bauchgefühl, dass Ihr Gegenüber tatsächlich krank ist, immer stärker werden, dann kann es nur noch heißen: „Geh zum Arzt."

Zwischen Feder und Glas

„Es kommt nicht darauf an, ob einer gesund oder krank ist, sondern darauf, was er mit seiner Gesundheit oder Krankheit erreicht."

Dies formulierte 1970 Ernst Jünger in „Annäherungen – Drogen und Rausch". Ein knappes halbes Jahrhundert später würde diesen Satz so rasch niemand aussprechen. Zu groß die Gefahr, als Zyniker zu gelten. Doch Zynismus und Realismus liegen oft ganz nah beieinander.

Ernst Jünger war in den Stahlgewittern des 1. Weltkrieges und hatte keine posttraumatische Belastungsstörung, er nahm zahlreiche Drogen und wurde nicht süchtig. Wer heute einen Auffahrunfall erleidet, entwickelt schon fast reflexhaft eine posttraumatische Belastungsstörung, wer regelmäßig zwei Flaschen Bier täglich trinkt, hat zumindest einen riskanten Alkoholkonsum. Welche Diagnose würde Ernst Jünger unserer Epoche stellen, wenn sie eine Person wäre? Wahrscheinlich narzisstisch akzentuierte Persönlichkeit mit hypochondrischen Anteilen und partiellem Fitness- und Abstinenzwahn in Verbindung mit Genussphobie bis Genussvermeidungssucht. Wie will man auch sonst im Neoliberalismus mithalten können? In dieser Epoche ist Abstinenz die Mutter von Optimierung und Fitness. Originalität und Kreativität sind der Preis, den viele dafür gern bezahlen.

Frühere Persönlichkeiten waren nicht bereit, diesen Preis zu zahlen. So Friedrich Schiller, der Kaffee und

Weißwein im Wechsel trank, um die Nächte durchzuschreiben. Als er 1805 starb, wurde die Oper „Fidelio“ und die Symphonie „Eroica“ in Wien uraufgeführt. Die Kreativität Ludwig van Beethovens hatte ihren Zenit erreicht. Pro Mahlzeit trank er eine Flasche Wein und rückte nach heutigen Maßstäben in die Gruppe des riskanten Alkoholkonsums von 60 bis 80 Gramm reinen Alkohols pro Tag. Dass Leberzirrhose in seinem Obduktionsprotokoll stand, war kein Zufall. Hätte sein Geist über Alkoholfolgeschäden in Abhängigkeit von der täglich zugeführten Menge in Gramm meditiert, ob seine Werke zweieinhalb Jahrhunderte später auch noch die Menschen bewegen würden?

Ebenfalls 1805 wurde Adalbert Stifter geboren, Dichter, Maler, Vorläufer des deutschen Impressionismus. Gegen seelischen Verfall empfahl er Arbeit und Bildung und die Darstellung der Menschheit war für ihn ein Widerschein des göttlichen Waltens. Sein Alkoholkonsum belief sich zeitweise auf 620 Liter Wein pro Jahr. Wäre er obduziert worden, auch in seinem Obduktionsprotokoll hätte als Todesursache Leberzirrhose gestanden. Hätte eine abstinente Lebensweise ihn noch unvergänglicher gemacht?

Im 19. Jahrhundert entfaltete Jean Paul seine schriftstellerische Begabung mit humorvollen Schilderungen der Kleinbürgerwelt, Meister von Darstellungen seelischer Vorgänge, Entwicklungen und Verzweiflungen und kam zu der Erkenntnis, dass die Gebrechen der Welt ohne Bitterkeit anzunehmen sind. Stattdessen empfahl er Humor. Mit verfeinerter seelischer Kultur wurde er zum Lieblingsdichter der intellektuellen Frauenwelt.

„Von früh bis spät ist der dicke Mann im Trunk gespannt, doch nicht betrunken“, so eine Professorentochter aus seinem näheren Umfeld. Morgens trinke er Burgunder, danach Bier, den Tee später mische er mit Arrak und abends trinke er, was der Allmächtige gibt. Und der gab. Würde man Jean Paul in eine Zeitmaschine setzen und ins 21. Jahrhundert düsen lassen, würde er über vieles schreiben. Über Alkoholvermeidungsstrategien eher nicht.

Rudolf Ditzen, der sich später in Hans Fallada umbenannte, wurde 1911 wegen eines inszenierten Doppelmordversuches, bei dem sein Gegner starb, in eine psychiatrische Klinik eingewiesen, begutachtet und wegen Psychopathie und Sucht als unzurechnungsfähig entlassen. Ein Zeitgenosse gab an: „Fallada pflegte damals schon auf nüchternen Magen vier Gläser Kognac zu trinken, und ohne eine starke Morphium- oder Kokain-Injektion begab er sich nie an die Arbeit. Dazu rauchte er eine Unmenge an Zigaretten.“

Fortan sind seine Themen Mut, Freude, Ratlosigkeit und die Nöte des einfachen Bürgers. In den 53 Jahren seiner Lebenszeit befindet er sich viermal im Gefängnis, dreimal in Nervenheilanstalten und 23-mal in Sanatorien. Was ihn nicht davon abhielt, fast 30 Bücher zu schreiben. Ein Ratgeber unter Suchterkrankungen war eigenartigerweise nicht dabei.

Der Udo Lindenberg-Fan und begnadete Schriftsteller Benjamin von Stuckrad-Barre verachtet die bürgerliche Existenz, ein Angestelltendasein wäre für ihn Horror pur gewesen. Ein Lebenslauf eine Lügenliste. Bürgerlichkeit, für ihn eine Verblödung und der Eintritt in das Fegefeuer des Spießertums. In seinem bisherigen Hauptwerk „Panikherz" heißt es angesichts eines Geldautomaten: „Die wichtigen Scheine, die Hunderter, waren hier blau. Wie ich." Und so geht es weiter, knapp erzählt, brillant formuliert, sofort auf den Punkt kommend, süchtig machende Literatur. Ob er nüchtern besser geschrieben hätte?

Abstinenz ist langweilig. Gepriesene Abstinenz langweilig und heuchlerisch zugleich. Wie glaubwürdig ist ein Staat, der eine Drogenbeauftragte in seiner Regierung hat und gleichzeitig einen wesentlichen Teil seiner Einkünfte aus dem Handel von Alkohol und Nikotin erzielt?

Wie viel Abstinenz, Asepsis und Sterilität verträgt eine Gesellschaft? Der österreichische Philosoph Robert Pfaller prägte einmal den Begriff „faschistoide Gesundheitsmimosen". Diese freuen sich auf salzfreie Salzkartoffeln zum Silvestermenü im Hotel Adlon. Immer fein artig sein, bloß nicht anecken, nach jedem Essen die Zähne putzen und nach jedem Händeschütteln schön brav die Hände desinfizieren.

Ernest Hemingway wäre es kotzübel geworden. Er trank drei Flaschen Valpolicella zum Frühstück, zum Warmwerden. Winston Churchill brauchte jenseits des 80. Lebensjahres mehrere Brandys und Sherry, um danach stundenlang fesselnd zu erzählen. Kaffee und Weißwein waren die flüssigen Inspirationskatalysatoren von Friedrich Schiller. Ein Literaturnobelpreisträger, ein Literaturnobelpreisträger plus begnadeter Politiker, ein Mitbegründer der deutschen Klassik. In diagnostischer Hinsicht lag bei jedem einzelnen zumindest ein Alkoholabusus vor,

F10.2 nach ICD-10. Auch Suchtmedizin kann manchmal eindimensional sein.

Wie sagte Harald Juhnke einmal: „Glück ist, einen sitzen und keine Termine haben.“ Erfahrene Suchtmediziner wissen: Einen Hauch inspiriert sein und Termine interessiert wahrnehmen, das ist die Kunst!

Gender I – Wenn Realitäten nicht mehr gesehen werden sollen

Wer heute 66 Geschlechter sieht, wird weder auf die Couch gelegt, weggeschlossen oder bekommt irgendwelche Pillen verschrieben. Stattdessen bekommt er oder vielmehr sie eine Professur für Geschlechterforschung.

Homosexuelle, Bisexuelle, Transgender, Queer, etc. – es sind maximal 5 % der Bevölkerung, die sich der natürlichen Mann-Frau-Binarität nicht zuordnen lassen. Aber Möchtegernintellektuelle und ein Teil der Eliten wollen, dass sich 95 % der Bevölkerung des Westens den verqueren Wahrnehmungen von 5 % unterordnen. In der Ausgabe Nummer 10/6.3.2021 zitiert der Spiegel eine Journalistin, welche die Zeichen eines „radikalen gesellschaftlichen Umbruches“ sieht. Da die Sprache eine Funktion des Geistes ist, wird hier medienintensiv angesetzt. Marietta Slomka, Claus Kleber, Anne Will und weitere Nachrichtensprecher und Moderatoren der öffentlich-rechtlichen Senderanstalten machen es vor. Das generische Maskulinum haben sie sich abtrainiert. Nach Bürger kommt in der Schreibform ein niedliches Sternchen, danach ein ca. halbsekündiger, neurolingualer Stillstand und „Innen“ wird nachgeschoben. Diese abgewürgte Ventilation durch den Kehlkopf bezeichnen HNO-Ärzte als „Glottisschlag“. So könnte sich ein vergewaltigtes Vogelgepiepse anhören.

Mit dieser sprachlichen Akribie wären insbesondere die Moderatorinnen der öffentlich-rechtlichen Sendeanstalten perfekte Haushälterinnen in katholischen Pfarrerhäusern geworden. Oder hervorragende Putzkolonnenführerinnen. Heute sind sie eben linguistische Putzkolonnenführerinnen. Putzen bleibt eben Putzen. Andererseits heißt es: „Umfragen zeigen: Für die gegenderte Sprache als künftige Norm gibt es keine Mehrheit im Land“ (o. g. Ausgabe des Spiegels). Das Groteske ist, dass genau diese Mehrheit durch GEZ-Zwangsgebühren einen sprachlichen Unsinn finanziert, den sie selber gar nicht hören möchte. Die von den sogenannten Eliten oft gescholtene Masse hat sich offensichtlich durch das Gendergetöse ihres gesunden Menschenverstandes nicht berauben lassen. Die von Arthur Schopenhauer verhöhnten „Fabrikwaren der Natur“ haben sich ihre Natürlichkeit bewahrt.

Schaut man nach Japan, Vietnam oder Südkorea, so spielt Gender allenfalls eine Rolle in der Diskussion um die Gleichberechtigung von Frauen. Ostasiaten konzentrieren sich auf ihre Arbeit und nicht auf 66 Geschlechter. Die Kernschmelze des gesunden Menschenverstandes überlassen sie dem Westen.

Das so hübsch zurechtgedachte Gendermärchen soll natürlich auch in der Umgangssprache zementiert werden.

Gender II – Bürger*Innen, Dada, Gaga

Fangen wir mit dem Wort in der Mitte an. Dada ist aus dem Französischen entlehnt, nach dem kindersprachlichen Stammellaut für Pferdchen. Aus Dada wurde in Zürich 1916 unter dem Eindruck des ersten Weltkrieges der Dadaismus, der alle bislang geltenden Wertmaßstäbe und gesellschaftliche Konventionen für ungültig erklärte. Für Dadaisten waren Wissenschaft und Rationalität die modernen Dämonen, die zur Apokalypse des ersten Weltkrieges geführt hatten. Dem Wahnsinn der Gegenwart sollte der Ohne-Sinn der Kunst gegenübergestellt werden. Die gesamte moderne Zivilisation, die gesamte bürgerliche Kultur, sollte der Lächerlichkeit preisgegeben werden. Erst wenn das alles abgeräumt sei, könne man grundsätzlich neu anfangen. In welche Richtung? Nun ja, bei einer konkreten Beantwortung könnte man glatt Gefahr laufen, logisch konsequent zu denken, was dann wieder zur Apokalypse führen könnte, deren Zeuge man gerade erst geworden war. Das ließ man dann doch lieber sein. Konfus und konturlos, warum nicht?

Vom Züricher Dadaismus 1916 bis zum Genderismus 2020 ist es nur ein historischer Lidschlag des magischen Denkens. Das magische Denken hat sich das Kleid der Wissenschaft angezogen und nennt sich „Gender". Keiner wagt, ihr dieses Kleid runterzureißen, denn schließlich ist man politisch korrekt. Diese Korrektheit bricht sich nun auch linguistisch und phonetisch ihre Bahn. Das ist nur konsequent. Kindliche Stammellaute und magisches Denken waren schon immer eng befreundet. Die politisch korrektesten Stammellaute flötet derzeit der Genderengel Anne Will. Eine gewisse phonetisch-linguistische Zärtlichkeit für gendersensible Mitbürger*innen ist ihr nicht abzusprechen. Ob sie es trainiert hat? Zwischen „Bürger" und „*innen" vergehen exakt 0,75 Sekunden. Jeden Sonntag. In jeder Talkshow. Kann man nachmessen. Denn dass mit „Bürger" auch die Frauen einer Gesellschaft eingeschlossen sind – eigentlich logisch. Doch Logik ist laut Dada und Gender Teufelszeug. Stattdessen hat die sprachpolitische Genderkorrektheit die sprachliche Verkrüppelung zum Programm gemacht. Stammellaute sind wieder en vogue. Kleinkindgerecht. Eigentlich könnten sich die Teilnehmer einer Talkshow in der Pampers präsentieren. Genauso kleinkindhaft und vom Wunschdenken beseelt ist die Genderideologie. Die normale Zweigeschlechtlichkeit ist für diese ein soziales Konstrukt des prähistorischen patriarchalen Systems. Gemäß ihrer Privatwirklichkeit gibt es homo, bi, trans, queer und tralala. 66 Geschlechter mindestens. Also 66 geschlechtsspezifische Bürger*innen und so weiter Bezeichnungen. Frau Anne Will bekommt in Zukunft eine Menge zu tun. Sollte sie ein Burnout entwickeln, kann sie sich das Ratgeberbuch ihrer Ex (Miriam Meckel, Brief an mein Leben) unter das Kopfkissen legen. Per magisches Denken können auch hierdurch Heilungen erreicht werden. Leider keine besonders guten Heilungschancen haben Genderaktivistinnen. Sie glauben tatsächlich an 66 Geschlechtsidentitäten und das Gros der Bevölkerung muss total einfach strukturiert sein, da sie diese sexuelle Vielfalt noch nicht erkannt hat. Da kann sich jeder ein Geschlecht aussuchen, unabhängig davon, was die Hebamme beim Baby südlich des Bauchnabels hat erkennen können. Wenn das Neugeborene in die Pubertät kommt, hat es schon zig Schulstunden über Geschlechtervielfalt hinter sich. Kein Wunder, dass Kinderpsychologen in Australien, Schweden, den USA, England und Deutschland festgestellt haben, dass die Zahl der Kinder und Jugendlichen, die behaupten, im falschen Geschlecht zu leben, statistisch um den Faktor 2000 gestiegen ist. Die postmoderne Fragmentierung des Selbst scheint in vollem Gange zu sein.

Ebenso in vollem Gange ist die linguistische Umerziehung der Allgemeinbevölkerung, medial und feministisch getriggert. Wenn schon ständig von toxischer Männlichkeit die Rede ist, toxische Weiblichkeit reüssiert. Reüssiert vor laufender Kamera im Permanentmodus. Anne Will macht's möglich. Dieses gehauchte Stammeln der Vorzeigelesbe der öffentlich-rechtlichen, millionenfach gesehen einmal wöchentlich in der ARD, millionenfach kopiert von weiteren Genderadeptinnen – eine Lüge muss nur oft genug wiederholt werden, bis sie schließlich geglaubt wird. Kleines Einmaleins der Massenpsychologie, funktioniert immer noch und im digitalen Zeitalter immer besser. Klappt auch hervorragend bei der sprachlichen Umerziehung. Was medial vor- / wird verwaltungsmäßig nachgemacht. So hat die Stadtverwaltung Hannover über 10.000 Mitarbeiter auf „gendergerechte Sprache" umgestellt. Das kann getoppt werden. Frankfurt wendet sich gleich an die gesamte Stadtbevölkerung und fordert sie mit einer Handreichung dazu auf, eine gendersensible Sprache zu sprechen, um auch non-binäre Menschen einzubeziehen. Non-binär sind alle die Menschen, die nicht heterosexuell sind. Also 2 %. Maximal. Allmählich merkt man, was hier so langsam abläuft. 2 % wollen 98 % dominieren. Funktioniert bislang, weil Druck auf druckempfindliche und toleranzbesoffene Leute ausgeübt wird.

Weitere Ursachen der gendermäßigen Umerziehung? Eine demaskiert sich schon unfreiwillig sprachlich. Bürger ... (Achtung, 0,75 Sekunden Sprechpause ... das richtige Gefühl dafür entwickeln ... immer schön artig, achtsam und gender- und kleintiersensibel sein) *innen, Student*innen, Arbeiter*innen, Ärzte*innen, es ist genau dieses „Innen“, was den Blick auf die Realität trübt. Überhaupt diese Gendersternchen. Sie sind wie eine prähistorische Feuerstelle, um die gepamperte Feministinnen tanzen, und enteierte Frauenversteher beklatschen diesen Tanz in der Genderhöhle.

Schon Goethe (1749-1832) konstatierte: „Alle im Rückschreiten und in der Auflösung begriffenen Epochen sind subjektiv, dagegen aber haben alle vorschreitenden Epochen eine objektive Richtung (…) Jedes tüchtige Bestreben (…) wendet sich aus dem Innern hinaus auf die Welt, wie Sie an allen großen Epochen sehen, die wirklich am Streben und Vorschreiten begriffen und alle objektiver Natur waren.“

Doch der westliche Subjektzentrismus hält sich an dem Mantra fest: Ich fühle so, also ist es so. So ist das nun mal im postfaktischen Zeitalter. Fast könnte man glauben, dem liegt ein Plan zugrunde. Denn wenn der Siegeszug des Neoliberalismus sich mit dem entfesselten Subjektzentrismus verbündet, dann soll es keine Grenzen mehr geben. Löse den Nationalstaat auf, entsorge die Religion und führe das biologische Geschlecht ad absurdum: Dann ist er da, der willenlose und frei verfügbare Mensch. Da passt die Genderideologie wie der Schlüssel zum Schloss. Es soll keine Unterschiede mehr geben. Gebet der Gleichheitsideologie, neue Religion. Männer mit niedrigem Testosteronspiegel und Frauen mit niedrigem Östrogenspiegel sind sich am meisten ähnlich. Doch das biologische Optimum sieht hohe Testosteron- und Östrogenspiegel vor. Wie konnte der liebe Gott im Angesicht des Urknalls nur solch genderunsensible Moleküle zulassen? Vielleicht sollte sich ein Theologieseminar damit beschäftigen. Nicht beschäftigen braucht man sich mit der Frage, warum es toxischer Feminismus in Form der Genderideologie so weit nach oben schaffen konnte. Ein in Achtsamkeits- und Empathie-Kursen aufgepumpter maskuliner Masochismus dürfte hier wohl eine entscheidende Rolle spielen. Aufgrund des ganzen Emotions- und Authentizitätsfurors der letzten Jahrzehnte hat der neue Mann seinen Neocortex komplett abgeschaltet. Hätte das männliche Bewusstsein eine restneuronale Kapazität von Kritik zugelassen, würde es rasch erkennen, dass es sich bei der Genderideologie um die Auswüchse eines sich selbst feiernden, grenzenlosen Hyperindividualismus handelt. Wenn Biologie, Wissenschaft und ein „da draußen“ grundsätzlich geleugnet werden, hat die Wahrheit keine Chance mehr.

Vielmehr Chancen hat das „*innen“ von 0,75 Sekunden, das medial von den öffentlich-rechtlichen ins kollektive Bewusstsein geträufelt wird. Die Restmasse der kritischen Bürger sollte von der GEZ eigentlich Schmerzensgeld für die permanente Vergewaltigung ihres gesunden Menschenverstandes verlangen. Schöner Traum. Damit die Zukunft kein Albtraum wird, sollte man sich wieder auf die Suche nach der Wahrheit begeben. Die wird nicht leicht. Und ausnahmsweise ist die zurecht kritisierte Merkel'sche Alternativlosigkeit einmal richtig. Sowohl die Wissenschaft als auch die Gerechtigkeit hängen von der Wahrheit ab. Beide sollten den Irrtum und die Unwahrheit ablehnen, wie gut sie auch gemeint sind.

Dass die Biologie auch ein wenig zu sagen hat, erzählt das folgende Kapitel.

Warum Östrogenmoleküle von Testosteron träumen

Sexualtherapie. Bisexuelle Klientin: „Natürlich schlafe ich noch mit Männern. Aber den sensitivsten Sex habe ich bisher nur von Frauen bekommen."

Sexualtherapeutin: „Den werden Sie von Männern auch nicht bekommen."

Das sehen Genderaktivistinnen anders. Sie agieren nach dem Motto: „Wenn eine Theorie mit der Wirklichkeit nicht übereinstimmt, umso schlimmer für die Wirklichkeit." Nach ihrer Theorie sollen biologische Geschlechter rein soziale Konstrukte sein. Mit anderen Worten: Mann und Frau gibt's gar nicht. Komisch, dass wir in tausenden von Jahren nicht selbst darauf gekommen sind. Wir müssen ziemlich naiv gewesen sein. Erst durch Genderaktivistinnen lernen wir, dass das Geschlecht ein soziales Konstrukt ist und im Spannungsfeld zwischen gesellschaftlichem Diskurs und Bedeutungshoheit oszilliert. Die Biologie soll gefälligst die Klappe halten. „Man kann die Natur mit einer Mistgabel hinausjagen, sie kommt dennoch stets zurück", erkannte schon der römische Dichter Horaz. Auch über 2000 Jahre später wird dies von den Naturwissenschaften und der Neurobiologie bestätigt.

Bei aller Gleichheit von Mann und Frau, im Detail offenbart sich so mancher Unterschied, nicht nur beim Sex, auch im Gehirn. Zahllose neuroanatomische Geschlechtsunterschiede gibt es sicherlich nicht, aber sie lassen sich auch nicht auf null reduzieren. Schon wenige Wochen nach Verschmelzung von Ei und Samenzelle geht's los. Vorher geht's für uns Männer ums nackte Überleben. Sowohl Ei- als auch Samenzelle verfügen im Zellkern über 23 Chromosomen statt 46 wie bei allen anderen Körperzellen. Nur mit der Hälfte ausgestattet, fängt der Kampf um die Frau an, Millionen schwimmen los und nur einer kann gewinnen. Das Geschlecht des zukünftigen Erdenbürgers bestimmt übrigens der Mann, die Geschlechtschromosomen XX stehen für das weibliche, XY für das männliche Geschlecht, Eizellen haben als Geschlechtschromosomen nur X-Chromosomen, Samenzellen sowohl X- als auch Y-Chromosomen. Durch die minimal leichteren „Y-Samenzellen" soll auch der dezente Männerüberschuss erklärbar sein.

Schon ab der 6./7. Schwangerschaftswoche beginnt beim männlichen Fötus das Wachstum der Hoden. Diese wiederum produzieren Testosteron, welches das Wachstum der linken Gehirnhälfte verlangsamt. Die rechte Gehirnhälfte kommt nun mehr zum Zug und sie ist es, die bei Männern dominiert. Sie ist zuständig für Abstraktion und das räumliche Vorstellungsvermögen. Es entspricht der allgemeinen Lebenserfahrung, dass Männer die Wege viel sicherer finden als Frauen. Diese wiederum sind sprachlich besser drauf, was eine Funktion der linken Gehirnhälfte ist, die sich ohne Einfluss von Testosteron besser entwickeln kann. Auch im Erwachsenenalter haben Östrogen und Testosteron Einfluss auf kognitive Fähigkeiten. Beispiel räumliche Orientierung: Testosteron fördert, Östrogen hemmt sie. Wenn Östrogen bei der Menstruation die niedrigste Serumkonzentration aufweist, schneiden Frauen in Tests zur räumlichen Orientierung am besten ab. Am schlechtesten sind die Leistungen der verbalen Fähigkeiten.

Doch nicht nur Hormone, alle Sinneseindrücke, das gesamte Denken, Planen und Fühlen verändern die zellulären und molekularen Strukturen unseres Gehirns. Der unendliche Strom von Wahrnehmungen und Handlungen hinterlässt seine Spuren, eingebettet in den neuroanatomischen Grundstrukturen. Kleiner Crashkurs in Neuroanatomie. Das walnussartige Gehirn besteht aus einer rechten und einer linken Gehirnhälfte, die sich jeweils in 4 Hirnlappen unterteilen. Oberhalb der Augenhöhle und hinter der Stirn befindet sich der Stirn- bzw. Frontallappen. Diese Hirnregion hat beim Igel einen Anteil von weniger als 1 % vom Gesamtgehirnvolumen, der des Menschen liegt hingegen bei fast 30 % – kein Wesen der Evolution kommt auf einen höheren Wert. Der Frontallappen macht den Menschen zum Menschen, er repräsentiert seinen Geist. Der Frontallappen erschafft Ideen und Werke. Galilei, Da Vinci, Mozart, Einstein – ohne ihre Frontallappen wäre die Welt eine andere.

Erinnerung und Gedächtnis sind die Domäne des darunter liegenden Schläfenlappens bzw. Temporallappens. In seinem Inneren befindet sich der Mandelkern, auch Amygdala genannt. Ein Teil dieses Kerns springt immer dann an, wenn sexuell aktivierende Duftstoffe die Nasenschleimhaut kitzeln. Er ist bei Männern 65 % größer als bei Frauen. Bei bestimmten Gerüchen denken Männer öfter an Sex als Frauen. Und nicht nur bei Gerüchen. Es ist eine alte Therapeutenerfahrung, dass zu wenig Sex für Männer ein weit größeres Problem ist als für Frauen. Interessant in diesem Zusammenhang: Zahlreiche Studien fanden heraus, dass Männer den Geruch ihrer Partnerinnen stets als angenehm empfanden, Frauen teilten diese Empfindung nicht unbedingt.

Etwas weiter hinten und oberhalb des Temporallappens befindet sich der Scheitellappen bzw. Parietallappen. Er ist zuständig für die räumliche Orientierung und funktioniert bei Männern eben etwas effizienter. Als abschließende Gehirnregion befindet sich hinter dem Parietallappen der Hinterhauptlappen bzw. Okzipitallappen, der für die Wahrnehmung optischer Eindrücke zuständig ist. Geschlechtsdifferenzen? Keine. Anders sieht es schon beim Balken aus, eine etwas plumpe Beschreibung für das im Zentrum des Gehirns liegende Nervenfaserbündel, das die rechte mit der linken Gehirnhälfte verbindet. Schließlich muss die rechte wissen, was die linke tut. Und das tut sie bei Frauen besser als bei Männern. Denn dieses Nervenfaserbündel ist bei Frauen stärker ausgeprägt als bei Männern.

Auch unter ganz basalen Aspekten wie dem Gewicht zeigen sich geschlechtsspezifische Unterschiede. So ist das Gehirn von Männern durchschnittlich 11 % schwerer als das von Frauen. Kein Biomarker für einen Intelligenzvorsprung, sorry, funktioniert nicht. Losgelöst von der Anatomie gibt es weitere geschlechtsspezifische Unterschiede, so bei psychischen Krankheiten. Da sind in der Summe Männer und Frauen gleich häufig betroffen, aber in wichtigen Details gibt es Unterschiede. Angst- und Essstörungen betreffen wesentlich mehr Frauen als Männer. Die haben den ersten Platz bei antisozialen Persönlichkeitsstörungen oder dem Verlust der Impulskontrolle. Hier scheint die Biologie zu dominieren. Auch der Satz „Frauen werden depressiv, Männer saufen“ ist kein Klischee. Stimmt wirklich. Hier scheint die Soziologie dominant zu sein.

Auch in der Neuroimmunologie sind Männer und Frauen nicht rein soziologisch determiniert. Die Biologie hat Frauen mit dem effektiveren Immunsystem ausgestattet. Mal von Vor-, mal von Nachteil. So gut wie die Abwehr von Bakterien und Viren auch klappt, manchmal schießt das Amazonenheer der Immunitätszellen über das Ziel hinaus und greift körpereigenes Gewebe an und es resultieren autoimmunologische Erkrankungen wie rheumatoide Arthritis oder Multiple Sklerose. Hier liegen Frauen klar vorn.

Soweit vorne wie Männer in der Mathematik? „Halt, Stopp“, hüstelt etwas nervös die Soziologie. In diesem Fall nicht ganz zu Unrecht. Entgegen jahrzehntelang propagierten Studien über die besseren mathematischen Fähigkeiten von Männern haben aktuellere Studien, wo Frauen bzw. Mädchen vorher an einem Mathematikunterricht ohne Männer bzw. Jungen teilgenommen hatten, gleich gute Ergebnisse erzielt. Doch hier ist noch einiges im Fluss, die aktuellen Ergebnisse können noch nicht in Stein gemeißelt werden. Ob das Ergebnis ein Albtraum für Biologen wird? Oder vielleicht für Soziologen?

Auch in Träumen unterscheiden sich Männer und Frauen. Nicht nur dass Frauen sich häufiger an Träume erinnern, auch der Inhalt ist ein anderer. Bei Männern drängen sich mehr physische Aggression, Arbeit und Sexualität in das nächtliche Bewusstsein, bei Frauen geht es häufiger um Personen und Kleidung. Also auch das, was tagsüber die Geschlechter so bewegt. Bleibt noch die Frage, warum Östrogenmoleküle von Testosteron träumen. Können Moleküle überhaupt träumen? Die Quantentheorie erklärt, wie es möglich ist, dass die Schwingungen und Strahlungen von Atomen, Elementarteilchen und Molekülen in Informationen umgewandelt werden können. Von den Informationen ist es dann nur noch ein kleiner Schritt zu Bewusstsein und Traum. Jede Trennung von Geist und Materie im Sinne der klassischen Physik ist willkürlich und hat seit der Quantentheorie keine Gültigkeit mehr. Schon auf molekularer Ebene spiegelt sich wider, dass Männer und Frauen – trotz aller beschriebener Details – gar nicht so unterschiedlich sind. Die bedeutsamsten männlichen und weiblichen Sexualhormone gleichen zwei s-förmig geschwungenen Wellen, die nur im Duett existieren können. Vom Tanzpartner in diesem Duett des Lebens träumt Östrogen. Und Testosteron natürlich auch.

Dieses Kapitel erschien zuerst bei Voß,Burkhard: Psychopharmaka und Drogen, Kohlhammer Verlag 2020

Vielfalt löst alle Probleme

Das gedankenbefreite und fast schon auf neuronal-archaischem Reflexniveau permanent wiederholte „Vielfalt“ ist vielfach der Ursprung von Problemen. Wenn in einer Klasse Minderbegabte, Hochbegabte, durchschnittlich Begabte, Kinder mit Autismus und ADHS unterrichtet werden, liegt eine Vielfalt an Kindern mit besonderen Eigenschaften vor. Ob in dieser Vielfalt jedes einzelne Kind beste individuelle Förderung erfährt?

Eine vielfach größere Vielfalt haben wir bei 66 Geschlechtern. Ob Propagierung und Reflexion dieser Geschlechtervielfalt etwas zur Lösung der drängenden Probleme der Gegenwart wie Umweltverschmutzung, Überbevölkerung, Pandemie etc. beizutragen haben?

Und viele Menschen sind mit Vielfalt einfach überfordert. Ob Waren, Dienstleistungen, Weiterbildungsmöglichkeiten – je vielfältiger das Angebot, desto schwieriger die Entscheidung. Für manche ist es eine Zumutung, sich ständig entscheiden zu müssen.

So stöhnte der nach 30 Jahren US-Haft freigelassene Deutsche Jens Söring beim Eintreffen auf dem Frankfurter Flughafen in einem Supermarkt: „Wer braucht schon so viele Margarinesorten?“

Eines ist diesen Grundirrtümern gemeinsam: Das Hegel’sche Postulat „Wenn eine Theorie mit der Wirklichkeit nicht übereinstimmt, umso schlimmer für die Wirklichkeit“ wird die Wirklichkeit nicht ändern. Alle diese zurecht gedachten Maximen werden an der Mauer der Realität zerbrechen. An Identitätspolitik, Furor von sich immer weiter zersplitternden Minderheiten und Subjektzentrismus wird der Westen nicht wachsen. Wie Identitätspolitik und Diversität die Arbeitswelt gestalten, durfte ich neulich im Büro erleben.

Vielfalt im Büro

09:00 Uhr: Als Fan von Sean Connery hänge ich sein Portrait in meinem Büro auf.

09:15 Uhr: Meine feministische Kollegin fragte mich, warum ich kein Portrait von einer Frau aufhängen würde.

09:20 Uhr: Sean Connery verschwand von der Wand und wurde durch Helene Fischer ersetzt.

09:22 Uhr: Meine feministische Kollegin beklagte, dass der tiefe Ausschnitt von Helene Fischer im Betrachter sexuelle Stereotype erwecken könne.

09:25 Uhr: Die zwei lesbischen Kolleginnen vom Nachbarbüro meinten, dass man eigentlich zwei verliebte Frauen sehen sollte. Also ersetzte ich Helene Fischer durch Miriam Meckel und Anne Will. Sind mittlerweile geschieden, aber auch Nostalgie kann schön sein.

09:30 Uhr: Die Transgenderkollegin fragte mich, warum ich keine Puppen mit austauschbaren Körperteilen genommen hätte.

09:35 Uhr: Eine vegane Kollegin kritisierte, dass die Tomate auf dem T-Shirt von Anne Will ein wertvolles Nahrungsmittel sei und nicht als Verzierungsobjekt der Textilindustrie dienen sollte.

09:37 Uhr: Ein Mitarbeiter der „Black Lives Matter"-Bewegung kam plötzlich vorbei und nannte mich einen Rassisten, weil beide Frauen weiß seien.

09:40 Uhr: Ich benutzte einen pflanzlichen Farbstoff und die Haut von Anne Will bekam eine bräunliche Tönung.

09:45 Uhr: Danach beschuldigte mich ein der AfD nahestehender Kollege, dass es eine Unverschämtheit sei, dass er als Weißer in das Gesicht einer farbigen Frau sehen müsse.

09:48 Uhr: Die aus dem mittleren Osten eingewanderten Kollegen forderten, dass das lesbische Pärchen eine Burka tragen solle. Das würde irgendwie mehr zu ihren Vorstellungen passen.

09:50 Uhr: Die Polizei kam an und las mir diverse Klagen von meinen Arbeitskollegen vor.

10:00 Uhr: Die feministische Kollegin kam erneut und bemerkte, dass der rosane Pullover von Miriam Meckel sexistische Stereotype bedienen würde.

10:10 Uhr: Mein Vorgesetzter drohte mir mit einer Abmahnung.

10:15 Uhr: Ein Journalist der kommunalen Presse interviewte mich und fragte, ob ich ernsthaft der Meinung sei, dass man Frauen von Männern unterscheiden könne und wie das denn möglich sei. „Durch rosane Pullover", grinste ich ihn an. Der Journalist bezeichnete mich als sexistisches Schwein.

10:25 Uhr: Ich kam in die Fernsehnachrichten als Terrorist, Rassist und homophober Verbrecher mit Neigung zu Demonstrationen, die als Spaziergänge verharmlost würden.

10:40 Uhr: Die Polizei fragte mich, ob ich einen Helfershelfer hätte. Danach wurden meine Kinder vom Jugendamt in eine gendersensible Pflegefamilie gegeben.

10:50 Uhr: Die Antifa verlangte meine Inhaftierung für diverse Hasspredigten.

11:00 Uhr: Ab jetzt ist meine Geschichte in allen sozialen Medien. Ach ja, dann rief mein Chef noch kurz an und teilte mir mit, dass ich ab sofort von der Arbeit freigestellt sei. Die Transgender-, Integrations- und Kulturbeauftragte müssten ein Gespräch führen, ob meine Weiterbeschäftigung verantwortbar sei. Danach hängte ich das lesbische Pärchen ab und Helene Fischer kam wieder zum Zuge. Sie blinzelte mir zu. So genoss ich die letzten Minuten in meinem Büro.

Vegane Kost ist das Ernährungsoptimum

Basis der menschlichen Evolution ist die Herstellung tier- und nahrhafter Speisen. Im Gegensatz zum veganen Wahn bekommt der Mensch mehr Kalorien und hochwertigere Proteine. Am Beginn der menschlichen Evolution stand Knochenmark auf dem Speiseplan, der von auf der Jagd erlegten Tieren stammte. Dieses Knochenmark enthält bestes Eiweiß. Durch das Zertrümmern der Knochen wurde der Mensch zum Homo habilis, dem Menschen, der Werkzeuge gebrauchte. Durch den Verzehr von Gehirn und Knochenmark der Tiere wurde die Entwicklung des humanen Gehirns vorangetrieben.

Auch sonst ist der Mensch von der Evolution für eine gemischte Ernährung einschließlich tierischer Produkte vorgesehen. Sein Organismus ist für eine eher ballaststoffarme Nahrung prädestiniert. Ideal zur Aufnahme leicht verdaulicher Kost ist der vergleichsweise lange Dünndarm. Dafür ist der Dickdarm für die Aufnahme langsam verdaulicher Nahrungsbestandteile eher kurz.

Lässt man diese biologischen Fakten außer Acht, so entsteht bei veganer Ernährung leicht ein Mangel an Jod, Eisen, wichtigen Proteinen, Vitamin D und B12. Die deutsche Gesellschaft für Ernährung rät Kindern und Jugendlichen von einer veganen Lebensweise ganz ab. Den Protagonisten des Veganismus ist dies egal. Für sie ist Ihre Ernährungsideologie die Steilvorlage, Persönlichkeits- und Essstörungen als ethische Hochartistik auszugeben.

Jede Epoche hat ihren Firlefanz

„…der Apparat sprang an…ich sah einen Koch, der Gemüse klein hackte…es musste doch etwas Bedeutenderes stattfinden als dieser Koch! ...kurz darauf kam auch noch eine Frau hinzu, die sich bewundernd mit dem Koch über sein Geschnipsel unterhielt… ich drückte die Nummer 2 und sofort verschwand der Koch, um sogleich einem anderen Koch Platz zu machen…eine mindestens ebenso denkwürdige Amsel wie neben dem ersten Koch stand auch neben dem zweiten und bestaunte die Weisheiten dieses ‚Rübezahl'."

So der satirische Seitenhieb aus Timur Vermes' Bestseller „Er ist wieder da", wo dem scharfen bipolaren Blick des Protagonisten auch die Koch- und Ernährungsmanie der gegenwärtigen Epoche nicht entgangen ist. Jede Epoche hat ihren Firlefanz. Etwas Bedeutenderes als Haferflocken eine ganze Nacht lang einzuweichen, bevor sie mit lactosephobischen und auch sonst hochsensitiven Darmzotten in Kontakt treten dürfen, gibt es nicht. Mir wird beim Anblick der Titel der neuen Kochbücher wie „Das vegane Familienkochbuch", „Happy Cookbook", „Kochen ist die beste Medizin", „Ayurvedakochschule" oder „Clean Eating" nur noch schlecht. Wahrscheinlich die Folge eines unverarbeiteten Kindheitstraumas in den 70ern, als ich wöchentlich gezwungen wurde, eine grüne Pampe namens Spinat in mich hinein zu stopfen, natürlich mit dem Hinweis auf den hohen Eisengehalt („…ist gut fürs Blut").

Grüne Korrektheitskost bekommt man heute auf allen Kanälen serviert. „An apple a day keeps the doctor away" – fragt sich nur, ob mit oder ohne Schale. Die nächste doppelblinde Kohortenstudie zu dieser alles entscheidenden Frage ist bestimmt schon in Vorbereitung. Bevor das Ergebnis steht, kann man ja noch andere Rohkostprodukte knabbern, beispielsweise eine Birne, fünf Mandeln oder zwei bis zweieinhalb Stück Trockenobst. Am Wochenende sollten Sie dann die Zwischenmahlzeiten weglassen, damit der Dünndarm wieder Ordnung schaffen kann – frei umherschwimmende Aminosäure – und Kohlenhydratmoleküle im schleimigen Darmmilieu, da wird nichts draus im Ökokatechismus. Nach diesem soll Wurstessen ja schon das neue Rauchen sein und der tägliche Verzehr von mehr als 50 Gramm Wurst mit einer erhöhten Wahrscheinlichkeit von Herz-Kreislauf-Erkrankungen einhergehen. Wahrscheinlich ist Wurst ein Fall für die Sondermülldeponie. Jesus Maria, geht's noch, würde Cindy aus Marzahn, die lipophile Horrorfigur aller vegan getunten Ökolandwirte mit grünen Latzhosen, ins Mikro prusten.

Zu einer Mutter auf der Jagd nach der besten Erziehungsmethode soll ein genervter Neurowissenschaftler mal gesagt haben: „Ziehen Sie ihr Kind nicht in einem Schrank auf, lassen Sie es nicht verhungern und schlagen Sie ihm nicht mit einer Bratpfanne auf den Kopf." Den veganen Jägern hätte er wohl geraten, den Ernährungsratgeber abzufackeln, eine Currywurst zu bestellen und dazu lieber zwei statt eine Flasche Bier zu trinken.

Selbst Psychologen, die ihren Senf nach Abschaffung der Wurst zu Orangenstücken geben würden, wissen noch nicht genau, wie die neuen Ernährungspriester einzuordnen sind, welche Psychodynamik sie antreibt. Aber sie haben zumindest schon mal einen Namen für dieses bizarre Verhalten gefunden: Orthorexie, die pathologische Fixierung auf korrekte Ernährung. Die Anorektikerin isst so wenig wie möglich, der Orthorektiker isst so gesund wie möglich. Eine Porreestange auf dem erstbesten Gemüsemarkt kaufen? Für den Orthorektiker unmöglich. Für ihn ist nicht nur die genaue Zusammensetzung nach Vitaminen, Ballast- und Mineralstoffen wichtig, sondern auch die exakte Herkunft. Der Stammbaum der Porreestange ist kaufentscheidend.

1887 schrieb Friedrich Nietzsche „Zur Genealogie der Moral“. In den fiebrigen Ausdünstungen einer politisch korrekten Ökodiktatur reicht es gerade noch für eine Genealogie der Gurke.

Zu den politisch Korrektesten gehören auch einige meiner ärztlichen Kollegen. Sie sind ethisch mindestens so hoch aufgeladen wie Margot Käßmann und Heribert Prantl.

Mein Essen zahl ich selbst

Haben Sie sich an der Zapfsäule nicht auch schon mal überlegt, wie der Ölkonzern, den Sie gleich bezahlen werden, eigentlich sein Produkt fördert bzw. herstellt? Ob nicht Kindersklaven in Nigeria für ihn schuften müssen? Nein? Dann zeigen Sie kein Verantwortungsgefühl auf globaler Ebene, sind womöglich korrumpierbar und ethisch bestimmt ganz schön tief stehend. Nicht so die Kollegen vom MEZIS. Das Akronym steht für „Meine Edelidee zücht' ich selbst", pardon, „Mein Essen zahl' ich selbst" und steht für den neuen ethisch korrekten und unbestechlichen Arzt mit kritischem Bewusstsein. Dieser hat die Pharmaindustrie mit ihren üblen Tricks und Machenschaften ins Visier genommen. Sponsern einer Fortbildungsveranstaltung durch eine Pharmafirma? Nach einer solchen Fortbildung soll es 2014 in Los Angeles zu einer drastischen Zunahme der Ritalin-Verschreibungen gekommen sein. Ursache hierfür waren forensische Psychiaterinnen, die das Zeug ihren männlichen, delinquenten Anstaltsinsassen in den Morgenkaffee gaben, um so ein sozial gewünschteres Verhalten hinzubiegen. Der Absatz von Ritalin in Süd-Kalifornien soll um 380 % angestiegen sein. Das stellte sich später als ein übles Gerücht heraus, aber hinter jedem Gerücht über die Pharmabranche steckt mindestens eine MEZIS-Wahrheit. Einladung zu einem Essen? Absolutes No-Go. Mindestens 98,5 % aller Teilnehmer werden eine solche Veranstaltung mit einem transformierten Bewusstsein verlassen und ausschließlich die Medikamente der entsprechenden Firma verschreiben. So die Logik von MEZIS: Schließlich hätten ja auch wissenschaftliche Untersuchungen in den USA und Kanada ergeben, dass sich häufige Besuche und Geschenke von Pharmavertretern nachweisbar auf das Verschreibungsverhalten auswirken. Sowieso müsse die Pharmaindustrie ganz anders reguliert werden. Schließlich gehört die Pharmaindustrie neben russischen Oligarchen, saudischen Ölmultis und Waffenschiebern zu den üblichen Verdächtigen. Klar muss da neu reguliert und kontrolliert werden.

Ganz ehrlich: Im hysterisierten Medienzeitalter mit Thematisierungswut wird man für jede These, und sei sie auch noch so verrückt, zumindest eine Statistik, wenn nicht eine „wissenschaftliche“ Untersuchung finden. Aber nehmen wir einmal an, die o.g. Untersuchung würde den Qualitätsstandards für Wissenschaftlichkeit zu 110 % genügen. Wer sagt eigentlich, dass Patienten zu Schaden gekommen sind? Wer sagt eigentlich, dass Kunstfehler begangen worden sind? Und wer garantiert eigentlich, dass, wenn alle Ärzte von heute auf morgen sich nicht mehr von Pharmareferenten zum Essen einladen lassen, automatisch eine bessere Medizin gemacht wird? Die Pharmafirmen, die Fortbildungsveranstaltungen sponsern, machen automatisch die schlechte Medizin und die mit Werbekastration und Ehrenkodex die gute. Könnte aber genauso gut umgekehrt sein. Könnte auch so sein, wie so oft, dass die Wahrheit irgendwo dazwischen liegt. Vielleicht entsteht bei der herbeiphantasierten neuen Regulierung das genaue

Gegenteil. Die Planwirtschaften im Kommunismus haben dies gut vorgemacht.

Damit keine Missverständnisse entstehen: Auch ich bin gegen Korruption. Aber ich habe ein Problem mit den ach so hohen Idealen, diesem ganzen *Ethos petetos* von Unbestechlichkeit und neuem Bewusstsein. Ein bisschen kleiner hat man es offensichtlich nicht und bis zur Forderung nach einem neuen Menschen fehlte noch der Mut. Wenn diese hohen Ideale eins zu eins durchgesetzt werden, gehen sie regelmäßig ganz schön nach hinten los. Auch wenn der Vergleich vermessen erscheint: Ob französische Revolution, russische Revolution oder chinesische Kulturrevolution – deren Protagonisten waren alle unbestechlich und gegen Korruption. Zumindest nach ihrem Selbstverständnis. In der Realität sah das dann ein wenig anders aus. „Wer Gott sagt, will betrügen", meinte einmal der Frühsozialist Pierre-Joseph Proudhon (1809-1865). Wer „Bewusstsein" sagt, natürlich nicht! Ihm schwebt ein ganz neuer Pharmamitarbeiter vor. Einer, der jeden Sonntag in die Kirche geht, nicht nur zu Weihnachten, einer, der auch in seiner Freizeit Informationsbroschüren für Patienten entwirft, natürlich umsonst, einer, der pünktlich seine Steuern zahlt, gegen Tierversuche ist, niemanden diskriminiert, der veganen Lebensweise frönt, sich nicht korrumpieren lässt – kurz der Moralist zum Quadrat. Er macht höchstens Gewinne, das Wort Profit hat er schon längst aus seinem Vokabular gestrichen. Wie seine Welt dann aussieht, lässt sich im 2014 erschienen Roman „Der Circel" nachlesen, wo die gleichnamige Firma Google, Apple, Facebook und Twitter aufgekauft hat und alle

Kunden über eine einzige Internetidentität verfügen. Ab dann ist alles transparent, und Kriminalität und Korruption sind ausgemerzt, und jeder kontrolliert jeden. Wenn in einer völlig glasklaren und hinterzimmerfreien Welt der Aufmarsch der Anständigen und Unbestechlichen beginnt, kann am Ende nur das Paradies stehen.

Das Paradies in der dermatologischen Form wird schon seit Jahren spätestens ab dem Frühjahr zur ganz besonderen ästhetischen Herausforderung.

Tätowierung oder die psychosoziale Bedeutung der dermatologischen Denaturierung

In dem 1973 gedrehten Gefängnisfilm „Papillon“ lässt sich einer der inhaftierten Hauptdarsteller, Steve McQueen, einen Schmetterling (Papillon) auf die Brust tätowieren. Dieses Tattoo ist Symbol für seinen Freiheitsdrang, mit dem er es letztlich auch schafft, der Hölle von Französisch-Guayana zu entfliehen. Das Miniaturgemälde auf seiner Brust zeigt den zentralamerikanischen Schmetterling *Papilio polyxenes*, den ein Einheimischer in filigraner Arbeit durch das Spiegelbild seines eigenen Tattoos erschaffen hat. Das Farbmuster der Flügel gleicht einem Spinnennetz, in dem die Farben eines Regenbogens plötzlich geronnen sind. Wie bei Naturvölkern sind auch hier die zwei wesentlichen Merkmale eines Tattoos Symbol und Ästhetik.

Insbesondere Letzteres kann man von den heutigen dermatochemischen Exponaten eher nicht behaupten. Das ist vorprogrammiert. Denn bei solch epidemieartigen Entwicklungen wird Kunst rasch durch Künstlichkeit ersetzt. Jeder ist seines Glückes Schmied, und so sieht es dann auch manchmal aus, das Glück – ziemlich behämmert, wie Eckart von Hirschhausen es einmal so schön formulierte. So gleicht manches Armtattoo täuschend echt einer wellenförmig abgeschnittenen Gurkenschale. Es könnte das ästhetische Ideal eines Schimpansen sein, immerhin reichen dessen handwerkliche und kognitive Fähigkeiten zu weit mehr aus als zu bloßem Gurkenschälen.

Der *Homo dermatopiktologikus* behält die zurechtgedrechselte Gurkenschale ein Leben lang. Eine Entfernung ist zwar grundsätzlich möglich, aber das Ausmaß von technischem Know-how, Zeit und Geld sind nicht ganz unerheblich. In der Jahre bis Jahrzehnte währenden Zwischenzeit können sich Makrophagen an dem Fremdstoff so richtig schön abarbeiten und das krönende Produkt sind dann Veränderungen des Immunsystems bis hin zu Kreuzallergien, eventuell auch ein erhöhtes carcinogenes Risiko. Überlegungen dieser Art sind natürlich voll normalo und spießig. Dass sich Vorstellungen, Geschmack, ästhetisches Empfinden über die Jahre und Jahrzehnte diametral zueinander verändern können – auch die einfachste Hirngymnastik ist heute eine Zumutung. Vielleicht gibt es demnächst ja eine Gegenbewegung und der Dermato-Coach eröffnet seine Praxis direkt neben einem Tattoo- und Piercing-Studio. Könnte ja sein, dass dadurch die eine oder andere lebenslange dermatochemische Karnevalsfigur schon im Vorfeld vermieden wird. Aber wahrscheinlich handelt es sich bei meinen Ansichten nur um übelste, diskriminierende Gedanken eines reaktionären Bad Boy. Mit den Merkmalen weiß, männlich und heterosexuell gehöre ich sowieso zu den Generalverdächtigen für alles Üble auf diesem Planeten. Die Ironie an der Sache ist nur, dass es die Tattoo-Aspiranten sind, die eine lebenslange Liaison mit der Selbststigmatisierung eingehen. Diese muss man tolerieren, zum Kotzen finden darf man sie trotzdem.

Es muss etwas Bedeutsames dahinterstecken, was meinen holzschnittartigen Gedankengängen völlig entgangen ist. Schon gibt es Bücher zu dem Thema, aber über welches Thema gibt es kein Buch? Man gibt sich tiefschürfenden Gedanken hin über die psychosoziale Bedeutung von Tattoos und Piercings. Denn alles hat eine psychosoziale Bedeutung, von der grün-rot-karierten Unterwäsche bis zur veganen Ernährung für den mexikanischen Zwerghund. Bei Tattoos ist von Rebellion gegen kulturelle Schönheitsauffassungen die Rede, oder heroisches Aushalten des Schmerzes als Preis für die narzisstische Vollendung. Mag sein. Solch tiefsinnige Bedeutungen werden wahrscheinlich deswegen vermutet, weil es in der grellen Tattoo- und Piercing-Szene sonst am Bedeutsamen fehlt. Tattoos in dieser Hochkonjunktur und auf immer größeren Hautarealen sind subkutane Klecksographie der ästhetisch Verwirrten. Und damit basta. Aber da wir Zeiten entgegengehen, in denen es normal ist, dass nichts mehr normal ist, ist dies wiederum völlig normal. Gerade die in der Gurkenfarbe angestrichene Partei ist in ihrer kollektiven Genderpsychose mit mittlerweile 66 Geschlechtern kräftig dabei, die Natur des Menschen Stück für Stück zu beerdigen. Eine weitere Ironie. Die Gurkenanalogien für Geschmacklosigkeit und Insuffizienz scheinen offensichtlich nicht auszugehen. Was hat dieses harmlose Gemüse in der früheren Evolutionsgeschichte eigentlich verbrochen? Und was haben dermatologische Selbstverstümmler in ihrem früheren Leben so alles angerichtet? Fragen über Fragen. Derweil wird es immer doller im Hühnerhof des ästhetischen Prekariats. Doch auch Tätowierte altern. So wird in nicht allzu ferner Zukunft die entscheidende morgendliche Frage in deutschen Altenheimen lauten: Welche Pampers passt zu welchem Steißgeweih?

Wie hieß es früher einmal im Werbefernsehen der öffentlich-rechtlichen Sendeanstalten? Wenn einem so viel Schönes wird beschert, das ist schon einen Asbach Uralt wert! Den brauchte ich neulich nach einem Waldlauf.

Von Tattoos, Paranoia ... und Annalena

Auf nichts ist mehr Verlass. Die eigene Wahrnehmung kann man sowieso vergessen. Wie gestern beim Joggen. Vor mir eine junge Frau mit einer abenteuerlich gemusterten Strumpfhose, in der gelbe, rote, grüne, schwarze, rosane und violette Farben wellenförmig aneinander vorbeiflossen und mich verwirrten. Eine Strumpfhose erkannte ich nicht, mein spontaner Gedanke war: Was ist denn das für ein beklopptes Tattoo? Dann erkannte ich die Strumpfhose. War ich sekundenweise paranoid? Durchaus möglich. Als praktizierender Psychiater kann man schon mal sein bester Patient werden. Oder mutiert unsere Gesellschaft im Moment zum psychiatrischen Patienten? Auch möglich. Der Run zum Psychiater und Psychotherapeuten kann schon seit Jahren nur durch drei bis sechs Monate Wartezeit notdürftig gebremst werden. Diese Deutung wurde mir sympathisch. Wenn einer Gesellschaft ständig Beklopptheiten aufgetischt werden, dann kann man irgendwann nur noch Beklopptheiten wahrnehmen. Irgendwann erkennt man die Realität nicht mehr, sieht Tattoos statt Strumpfhose; macht eine aufgehübschte grüne Küchenhilfe zur Kanzlerkandidatin; sieht Weltklimarettung statt den *Furor Teutonikus Ökologikus;* interpretiert Behindertensprech als geschlechtersensible Kür der deutschen Sprache; oder Fernsehmoderatoren der öffentlich-rechtlichen Sendeanstalten als Kehlkopfathleten beim Behindertensprech. Homosexualität als Krone der Evolution. Kevin

Kühnert als sozialdemokratischen Christen. Oder ist der Kühnert doch ein Che Guevara aus der Krabbelgruppe von Nebenan? Egal.

Wichtig ist, dass geglaubt wird, nicht was tatsächlich ist. Geglaubt wird z. B., dass durch die Frauenquote eine überragende Sachkompetenz erreicht wird. Sollte jemals in der Zukunft ein Historiker auf die entsprechenden Debatten stoßen, er wird fasziniert sein von der Scharfsinnigkeit der Quotenbefürworterinnen. Oder dass im 21. Jahrhundert Atmen nicht einfach Atmen ist, sondern eine spirituelle Aufladung der Seele bedeutet. Mindestens. Oder dass von den Worten Diversität, Homophobie, Transphobie, Zigophobie, Rassismus, Sexismus, oder struktureller Rassismus mindestens eines in keinem Satz fehlen darf. Gaaanz wichtig.

Kurz vor dem Ende meines Laufes war ich fasziniert, nicht irritiert. Da ging doch schon wieder eine junge Frau mit Tattoos auf den Beinen. Diesmal echt, keine Strumpfhose. „Annalena. Jetzt“ prangte auf der Haut des Oberschenkels. Offensichtlich konnte man sich doch noch auf etwas verlassen. Wenigstens auf den Geist der Grünen, der es nach 40 Jahren endlich geschafft hatte, vom Gehirn bis zur Haut vorzudringen und zwei Worte zu formulieren. „Inhalte überwinden“ hätte auch gepasst.

Des Hundes Republik

Etwas Merkwürdiges läuft seit einigen Jahren in Deutschland. Die Anzahl der Neugeborenen und Kinder wird immer weniger, die von Haustieren, Hunden und Katzen immer mehr, und zwar drastisch. Hundefachzeitschriften, Hundesalons, Hundeschulen, Hundeführerschein, Hundeshows im Fernsehen auf allen Kanälen, hundepsychologische Institute – die Prioritäten des kollektiven Bewusstseins sind ganz schön auf den Hund gekommen. Der *Dog Channel* wird sicher bald den Kinderkanal ablösen. Früher gab es einen Muttertag, heute gibt es einen *Dog Day*. Auch die Politik ist auf den Hund gekommen. Die sozialverträgliche Aufteilung in Hundekotzonen im Stadtgebiet ist mindestens so wichtig wie Bildungspolitik. Wir wollen an dieser Stelle aber auch kurz unserer schnurrenden Vierbeiner gedenken, bevor diese sich benachteiligt fühlen. Schließlich ist das Schicksal der nichtkastrierten Katzen von Hartz-IV-Empfängern genauso mitleiderregend wie sexueller Missbrauch in der Kindheit. Katzen haben auch etwas gegen neue Familienmitglieder. Das sollte man bei der Familienplanung unbedingt berücksichtigen. Besser erst das Baby und dann die Katze als umgekehrt. Aber wahrscheinlich sollte man Katzenhaltern sowieso keine Kinder zumuten. Mittlerweile gibt es ja auch 12 Millionen Katzen in Deutschland, mehr als Kinder.

Ich finde das alles vollkommen in Ordnung. Jeder braucht sie, die lebende, atmende und bellende, vierbeinige Schnullerprothese. Beispiel Arbeitsplatz: Nicht nur eine Studie hat wissenschaftlich exakt bewiesen, dass Hunde am Arbeitsplatz ein Wohlfühlklima erzeugen und den Blutdruck senken. Das spart schon mal ein blutdrucksenkendes Medikament. Außerdem muss man regelmäßig Gassi gehen, wodurch das Immunsystem stimuliert und die Fettverbrennung gefördert wird. Das senkt die Blutfette. Schon wieder ein Medikament gespart. Deswegen zahlen die Krankenkassen demnächst die Hundesteuer. Philisterhaften Kritikern, die nun meinen, die Hundebetreuung störe Arbeitsabläufe, sei gesagt: Das genaue Gegenteil ist der Fall. Erst durch die Auseinandersetzung, wer mit welchem Hund Gassi gehen darf, wie hoch der Anteil von rohem Fleisch bei der Fütterung maximal sein darf, ob die Azubine Mandy mit dem Jack-Russel-Terrier des Chefs im Sozialraum Frisbee spielen darf, erst dadurch wird das kommunikative Repertoire der Arbeitnehmer so erweitert, dass man echte Arbeitsprobleme wieder effektiv besprechen kann. So gelang es Fressnapf erst durch die Einführung des Kollegen Hund, seine Produktivität um über 80 Prozent zu erhöhen und den Gang an die Börse zu wagen. Was Fressnapf kann, können Kitas auch, ganz einfach nach dem Prinzip: Hund rein in die Kita, Glückshormone rauf, Schwererziehbarkeit runter, Ritalin absetzen. Vielleicht ist es das, was dem maroden deutschen Schulsystem fehlt. Außerdem bekommen Hunde auch kein Burnout. Wenn das so weitergeht, wird der Hund noch zum ärgsten Feind von Lehrersippe und Pharmaindustrie.

Auch wo anders machen sich Hunde zunehmend nützlich, beispielsweise bei Banken und Sparkassen. Bevorzugte Rasse: Klar, der Golden Retriever. Kein Hund hat feinere Antennen für das komplexe Innenleben des *Homo sapiens*. Betritt ein Kunde die Bank und sträuben sich beim Golden Retriever die Nackenhaare, so merkt der Bankangestellte sofort: Hier stimmt was nicht, Kreditwürdigkeit nicht gegeben.

Was ein Segen in der Welt der Banken, wäre ein Fluch in den Sozialämtern. Für den renitenten und sozialschmarotzenden Hartzer gibt's den deutschen Schäferhund. Mit seinem Knurren im Hintergrund kann auch eine eher aggressionsgehemmte und zierliche Mitarbeiterin eines Jobcenters den Mut aufbringen, mal Klartext zu reden. Das stärkt ihr Selbstbewusstsein. Anschließend geht sie mit ihm in den Hundefachhandel und lernt, dass Hundefutter nicht gleich Hundefutter ist. Und Truthahn nicht gleich Truthahn. Da gibt es Truthahn mit Reis, Truthahn mit Kartoffeln oder Truthahn mit Erbsen. Natürlich aus freilaufender Haltung bis kurz vor der Dose. Für die optimale Gebisspflege ist regelmäßig Zähneputzen angesagt, die Hundezahnbürste macht's möglich. Mit der Zahnseide will es irgendwie noch nicht so richtig klappen.

Auch sonst lässt sich mit Hunden viel soziale Arbeit bewältigen. Neben Trauerarbeit ist Sozialarbeit die wichtigste Arbeit, die in Deutschland geleistet wird. Doch wer soll sie leisten? Frühpensionäre, die erst mühselig von Bäumen um den Stuttgarter Bahnhof heruntergezerrt werden müssen? Arbeitslose, die nach zwei Stunden Spargelstechen tot zusammenbrechen? Auch hier tritt der vierbeinige Gefährte wieder auf den Plan. Er hat schon mal keine Berührungsängste, da er sich von Natur aus in unaussprechlichen Dingen wälzt. Schwitzende und stinkende Leiber, mit allem möglichen Kram vollgestopfte Höhlen, Rauch, Tabak und Alkohol – damit ist der Hund seit der Jungsteinzeit bestens vertraut. Mit dieser sozialen Kompetenz vertraut sich so manche Frau nur noch ihm an, bevor sie an das Mängelwesen Mann überhaupt noch einen Gedanken verschwendet. Er gehört zu ihr, auch junge Frauen sind überwiegend mit ihm unterwegs. Wobei man sich manchmal fragt, wer an wessen Leine geht. Die fortschrittliche Frau diskutiert hundepolitisch wichtige Themen. Reizthema Nummer 1 ist: Der Hundeführerschein. Hier hat Frauchen eine ganz klare Position. Die Fehler bei der Kinderaufzucht sollen sich schließlich nicht wiederholen, zu viele verkorkste Exemplare konnten auch durch die Jugendämter nicht wieder auf Vordermann gebracht werden. Ihr Lieblingsbuch ist „Liebes Frauchen, spannende Briefe von unverstandenen Hunden“. Männliche Hundehalter bevorzugen Bücher wie „Der aggressive Hund“, „Knurrende Hunde“, oder, da Männer es mit der Hygiene eh nicht so genau nehmen, „Nasenspiele für Hunde“. Sollte aber Blondi, des Führers Lieblingshund, noch einmal wiedergeboren werden, sie würde sich nur noch einer Frau anvertrauen. Ohne Ausnahme.

Ehezwist zwischen Justiz und Medizin

Ist es wirklich. Beispiel Beipackzettel. Der wird schon seit Jahren federführend von Juristen verfasst, Ärzte dienen da nur noch als Berater. Das führt dazu, dass auch noch die unwahrscheinlichsten Nebenwirkungen aufgeführt werden. So wird der Patient beruhigt und hat bei der Einnahme ein angenehmes und sicheres Gefühl. Oder mal eben ein Attest ausstellen, dass der Patient unter dem Antidepressivum fahrtauglich ist, obwohl im Beipackzettel steht, dass genau dies nicht der Fall ist – na ja, wenigstens der Fall nicht ausgeschlossen werden kann. Atteste dieser Art stellt jeder Arzt gerne aus. Aber sofort. Oder mal eben ausführlich und nachvollziehbar und plausibel attestieren, dass Arbeitnehmer X in Firma Y auch tatsächlich voll arbeitsfähig ist, auch wenn dies aus der Beendigung der Arbeitsunfähigkeitsbescheinigung klar hervorgeht, nur weil dem Justiziar der Firma etwas Neues eingefallen ist. Jeder Arzt hat dafür volles Verständnis. Atteste diktieren und unterschreiben – gibt's was Schöneres? So richtig schön wird die Ehe aus Medizin und Justiz, wenn aus Justitias Schoß immer sinnvollere Paragraphen schlüpfen – natürlich für die absolut sichere und perfekte Welt. Wie die DSGVO, **D**ie **S**auberste **G**enerallösung **V**on **O**mnipotenzabsicherungen, 'tschuldigung, Datenschutzgrundverordnung. Auch wenn und vielleicht weil diese im EU-Uterus ausgebrütet wurde: Sie ist so richtig schön gründlich, faustisch, deutsch. Der Datenschutz beginnt schon bei der

Anmeldung. Gehörte es früher zum guten Ton einer deutschen Arztpraxis, dass auf der Anmeldetheke die Patientenkarteien gut lesbar auslagen, damit jeder sich über Geschlechtskrankheiten und Alkoholmissbrauch der Nachbarschaft informieren konnte, gehört dies der Vergangenheit an. Dank DSGVO, ohne DSGVO völlig undenkbar. Auch unschöne Szenen wie das durch den Wartesaal gebrüllte „Frau Meier, bei der Überweisung zum Zychater, worum ging et da noch ma?“ werden nun im Keim erstickt. Durch DSGVO sollen Ärzte und ihr Personal für Datenschutz sensibilisiert werden. Das war auch bitter nötig, denn Ärzte hatten vor DSVGO nichts anderes im Sinn, als an den Wochenenden die spannenden Ein- und Durchschlafprobleme ihrer Patienten ins Internet zu stellen. Was ist die Ärzteschaft doch für ein unsensibler Haufen.

Die Installierung der DSVGO soll ja ein bisschen knifflig und zeitaufwendig sein. Wenn man die Umsetzung alleine nicht gebacken bekommt, so können dies externe Dienstleister und Digitalspezialisten. Natürlich ethisch hoch aufgeladen und ohne jegliches, finanzielles Interesse. Demnächst könnte es auch Datenschutzbeauftragte für jede Arztpraxis geben. Die Diskussion darüber ist noch nicht abgeschlossen. Arztpraxen werden in ihrer Arbeit tatkräftig unterstützt durch Qualitätsmanagement, Gesundheitsämter – warum nicht auch durch Datenschutzbeauftragte? Der Datenschutzbeauftragte ist im Medizinsystem mindestens so bedeutungsvoll wie der Rettungssanitäter. Darüber thront nur noch der Jurist.

Juristen: Ihr Gott ist die komplizierte Lösung, die einfache ihr Teufel. Das fängt schon lange vor dem Studium an. Sozusagen bei der ersten Liebe.

Sich in Verkomplizierungen zu verlieben ist für Juristen, frei nach Oscar Wilde, der Beginn einer lebenslangen Romanze. Im Studium lernen sie dann, dass eine Sache nie ein Ende hat und dass sich immer noch was drehen lässt.

Und wie man neulich den Zeilen eines Justitiars entnehmen konnte, sei die DSGVO so wichtig wie Hygienevorschriften. Ach was, sie ist mindestens so wichtig wie notfallmedizinische Grundkenntnisse. Deswegen werden die intensivmedizinischen Abteilungen von Krankenhäusern in Zukunft auch von Professor Dr. jur. und nicht mehr von Professor Dr. med. geleitet. Das kann man ruhig so machen, das wird schon laufen. Wie im Bundestag. Dort stellen Juristen die am meisten vertretene Berufsgruppe dar. Ob Gesundheit, Finanzen, Verteidigung, Innere Sicherheit – die können alles. Am besten, Gesetze machen. Wie DSVGO. Die dürfte schon bald veraltet sein. Wir freuen uns auf die neue.

Und ganz besonders freuen wir uns auf die neue grün-feministische Politik.

Robert Redford oder Jesus?

Spätestens seit dem Brigitte-Interview vom 26.04.2019 ist klar, wer der neue Star des Feminismus ist: Robert Habeck, tierethisch gekrönt und gänzlich testosteronbefreit. Der mit Achtsamkeit weichgespülte Frotteemantel von Annalena Baerbock.

Bühne frei für Robert Habeck, der sich gerade warmläuft, um im Wettlauf mit dem Golden Retriever die kompliziertesten Frauenherzen zu bezirzen, Männlein und divers Verirrte inkludiert. Für ein Wählerpotential, das sich von einer offensichtlich psychisch Behinderten mit zwei roten Zöpfen beeindrucken lässt, ist Robert Habeck der Robert Redford der Grünen. Natürlich Robert Redford, denn Clint Eastwood wird mit Gender-, Frauen- und Kaninchensensibilität eher weniger assoziiert.

Kaninchensensibel ist nicht übertrieben. Auch sonst teilt Monsieur Habeck wesentliche Verhaltensmerkmale mit diesen putzigen Fellherzen. So wie Kaninchen auf feinste Geräusche, Bewegungen und Witterungen reagieren, so reagiert er auf zarteste Verirrungen der links-grün Bewegten, fordert Enteignungen und wünscht sich, dass sich die Deutschen in ein paar Jahren nur noch vegan ernähren. Deutsche als Hauptkonkurrenten der Pflanzenfresser. Kein Kaninchen würde Robert Habeck je wiederwählen. Nur noch vegan-divers Humanoide.

Robert Habeck ist Romantik pur, sein schmuckes Beiwerk Annalena Baerbock ist seine Domina, die das so nicht sieht. Er ja auch nicht, Mitglieder der links-grünen Ersatzkirche schon mal gar nicht.

Sie alle glauben an den Gutmenschenpriester Robert Habeck, der auch noch das letzte CO_2-Molekül ins nächste schwarze Loch torpedieren wird, dieser reinkarnierte grün-deutsche Segen wird das Weltklima zum Guten bewegen. Wer die Worte „CO_2-Reduktion“, „Gender“ und „vegane Kost“ oft genug verwendet, muss ein guter Mensch sein, wer dann noch im Duett mit Annalena Baerbock auftritt, ist der Jesus der deutschen Politik. Che Guevara nannte man einmal Christus mit der Knarre, die hat Robert Habeck nicht nötig und wird sie auch niemals nötig haben. Dafür sorgen schon die Lara Croft-Journalistinnen von Brigitte. Da muss Robert Habeck nur noch sein Schmuseepos von Ökologie, Tierethik und sozialer Gerechtigkeit aus seinem Mund herauspurzeln lassen und schon hat sich jegliche rationale Argumentation erledigt. Wie viele Politiker braucht auch Robert Habeck keiner vernünftigen Arbeit nachzugehen, in seiner Position gehalten wird er durch Angst, komische Gefühle und sich sträubende Nackenhaare. Es ist genau diese Gehirntätigkeit, der die Grünen ihre Wahlerfolge verdanken.

Komische Gefühle in Verbindung mit schlechter Laune sind auch die Triggerfaktoren für Laien- und Küchenpsychologie.

Die Toilettenpapiermanie

„Und die Nase mir haltend, ging ich unmuthig durch alles Gestern und Heute …“

Friedrich Nietzsche,
Also sprach Zarathustra II, *Vom Gesindel*

Mit diesen olfaktorischen Negativitäten hat der postmoderne Mensch der westlichen Welt schon lange abgeschlossen. Angesichts der existentiellen Corona-Krise beschäftigt ihn viel mehr die Sauberkeit, besser die auf lange Zeit gesicherte Sauberkeit einer bestimmten Körperöffnung. Sie beschäftigt ihn so sehr, dass die Beschäftigten von Supermärkten mit der Klopapierbedürfnisbefriedigung kaum noch mithalten können. Pro Klosettrolle atmet die Kassiererin möglicherweise mindestens eine Million Coronaviren ein, wie die Virologen vom Robert-Koch-Institut ausgerechnet haben. Was nützt die peinliche Hygiene einer Körperöffnung, wenn aus der anderen die virale Pestilenz nur so herausströmt. Da helfen auch Mundschutz und Plastikverkleidung nichts. Gesetz der großen Zahl. Doch was zählt, ist der Anus, nicht der Gesamtorganismus. Falls es einen Klopapierfetischisten erwischen sollte: Immerhin poporein in die Kiste. In glamourösen Zeiten hieß es noch: Faltenfrei in die Kiste. Die generationenübergreifende Renaissance der – psychoanalytisch gesehen – analen Phase des zweiten bis vierten Lebensjahres ist kein deutsches Spezifikum, sondern länderübergreifend. Selbst im fernen Australien musste die Polizei gerufen werden, als ein Konsument im Klopapierglücksrausch die Bedürfnisse anderer Konsumenten komplett ausblendete und mit einem Vorrat für mehrere Jahre zur Kasse stürmte und dabei handgreiflich wurde. Auch wenn ich als praktizierender Neurologe und Psychiater kein Fan der Psychoanalyse bin, so könnte Freud durchaus Recht haben, wenn er die übertriebene Reinlichkeitserziehung in der analen Phase als Ursache für zwanghafte Rituale sieht, die sich bis zu manifesten Zwangserkrankungen ausweiten können. Wenn Zwänge ein fester Teil der Persönlichkeit sind, spricht man von anankastischer Persönlichkeitsstörung. Das leitet sich vom griechischen Wort *Ananke* ab, das für Zwang bzw. Notwendigkeit steht. Über Hamsterkäufe von Klopapier werden weit überwiegend aus dem Westen berichtet. Der Westen, eine Gesellschaft von Zwangsneurotikern? Aus tiefenpsychologischer Sicht könnte da etwas dran sein. Denn worum geht es beim Anankasmus? Um es mit Hermann Hesse zu sagen: „Einmal zu Stein erstarren! Einmal dauern!“ Es ist die Sehnsucht nach der verlässlichen Wiederkehr des Gewohnten, Vertrauten, die in der durch die Digitalisierung katalysierten pluralistischen Welt des Westens eine Abfuhr nach der nächsten bekommt. Beim Anankasmus – und wenn er nicht die Oberhand gewinnt, ist er gar nicht so unsympathisch – geht es um die Angst vor der Vergänglichkeit. Die Loslösung vom Transzendentalen und die Hinwendung zum Atheismus sind im Westen in den letzten Jahrzehnten genauso exponentiell gewachsen wie die Infektionsrate des Coronavirus in den letzten Tagen. Die Angst vor der Vergänglichkeit frisst den Menschen des Westens förmlich auf. Auch ohne Coronavirus. Mit Coronavirus nimmt die Sehnsucht nach Unendlichkeit bizarre Formen an. Bei dem derzeitigen Run auf Toilettenpapier könnte man fast schon meinen, dass die Zwanghaftigkeit zu ihrem Ursprung zurück möchte. Sozusagen eine Zeitreise in die Unterhose anstrebt. Und darüber hinaus oder besser gesagt: Noch mehr hinein. Natürlich astrein sauber.

Kolportiert wird, dass in dem Maße, wie im Alter das Interesse an Sexualität geringer wird, das Interesse an Verdauungsvorgängen wächst. Hinzu kommt, dass Antidepressiva regelmäßig und immer großzügiger geschluckt werden. Seit 1995 hat sich die Rezeptierung verfünffacht und steigt von Jahr zu Jahr weiter an. Eines der meistverschriebenen Antidepressiva ist Citalopram, ein Serotoninrückaufnahmehemmer. Auch die übrigen Serotoninrückaufnahmehemmer verkaufen sich gut.

Häufigste Nebenwirkung? Sexuelles Desinteresse. Ob sich die anderen Interessen der Verdauung einschließlich deren Endphänomenen zuwenden? Genug der Spekulationen. Ziemlich sicher dürfte dafür sein, dass das Kaufinteresse an Toilettenpapier nicht gerade Mut und Zuversicht der Käufer widerspiegelt. Mut und Zuversicht sind aber genau die Essenzen der *Conditio humana*, die am dringendsten für die Bewältigung der Corona-Krise gebraucht werden. Ob man stattdessen Champagner kaufen sollte? Wer hier nicht „ja“ sagt, hat schon verloren.

Objektiver Schutz sticht subjektives Sicherheitsgefühl

„Aufwachen“. Im Mundschutzgeflecht wurde es unruhig.

„Wenn wir jetzt nicht loslegen, verdampfen wir noch in der Mikrowelle“, ermahnte die COVID-Mutter ihren Sohn.

„Wieso?“, fragte dieser genervt.

„Weil der Söder gleich zu Ende gequatscht hat und dann seinen Maulkorb desinfizieren wird, in dem wir es uns gemütlich gemacht haben.“

Auf einmal war der COVID-Sohn hellwach.

„Dann sollten wir keine Zeit verlieren, so schlecht war’s in seiner Rachenschleimhaut nicht.“

„Genau“, beruhigte sich seine Mutter, „dort können wir erneut an diversen Zellen andocken, hineinschlüpfen und uns weiter vermehren.“

„Und“, so ihr Sohn, „nach ein paar Stunden, wenn er wieder zu quatschen anfängt, werden wir in seinem Atem erneut Richtung Mundschutz starten und beim ersten Niesen nur so durch die Poren fliegen.“

„Oder“, so ihr Sprössling weiter, „er sitzt Mundschutz befreit bei Maybrit Illner und wir surfen auf seiner Ausatmung in ihre Einatmung. Am Ende gibt’s auch dort ’ne Rachenschleimhaut.“

„Ob mit oder ohne Mundschutz, grünen, weißen oder blauen Fasern, gebügelt oder geröstet, vom Virologen-Papst abgesegnet oder verdammt, am Ende werden wir in jede Schleimhaut reingerammt."

Der Illner-Flug begann. Szenenwechsel. Sprung in die Wirklichkeit.

Angeblich soll die Atemschutzmaske nicht nur die Illner – sondern auch alle weiteren Flüge verhindern. COVID-19 lacht. Nicht ganz zu Unrecht. Denn so eindeutig ist die Studienlage nicht. Die angestrebte Schutzwirkung vieler Masken ist mangelhaft – so eine Studie der Universität der Bundeswehr in München.

Auch einfache Schutzmasken können die Abgabe von Viren deutlich verringern – so eine im April 2020 veröffentlichte Studie.

Doch oft weisen Studien eine verblüffende Ähnlichkeit mit Zeitungen auf. Nichts ist älter als die Zeitung von gestern. Die Studien von heute erklären den Studien von gestern den Krieg und beide zusammen zittern vor den Studien von morgen. Studien und Zeitungen – fast könnten sie eine Trauerselbsthilfegruppe gründen. Die wollten Chirurgen, die die Atemschutzmaske zuerst bei OPs anwendeten, um die Patienten vor ihren Keimen zu schützen, ganz gewiss nicht gründen. So war es ursprünglich gedacht und so funktioniert es bis heute. Atemschutzmasken verhindern sicher, dass Flüssigkeit aus Nase oder Mund in das OP-Gebiet gelangt und dieses infiziert. Umgekehrt wird's schwierig. COVID-19 hat keine inzestösen Beziehungen zu Tropfen und fliegt auch schon mal völlig losgelöst durch die Luft. Dabei ist es so winzig, dass die Barrierefasern einer Atemschutzmaske eine Lachnummer sind. Eintrittspforte über die Bindehaut der Augen geht natürlich auch. Perfekte Abdichtung der Ränder der Atemschutzmaske mit dem Gesicht? Wohl eher nicht. Insbesondere bei Bartträgern. COVID-19 lacht erneut. So könnte es durchaus sein, dass die hochpropagierte Atemschutzmaske mehr Mode als effektiver Schutz ist. Mal zart rosa, mal geblümt, mal negativistisch schwarz. In jedem Fall trendy, zur Schuhmode passend und gesundheitspolitisch absolut korrekt. So korrekt wie der Infektionskodex. Dieser beschreibt die Wahrscheinlichkeit einer Infektion unter definierten Verhaltensweisen. So liegt die Wahrscheinlichkeit, sich mit COVID-19 zu infizieren, bei einem Gespräch mit einem Infizierten unter eineinhalb Metern Abstand und länger als 15 Minuten Dauer bei 60 bis 70 %. Mit anderen Worten: Die Wahrscheinlichkeit, sich beim Joggen zu infizieren, liegt bei nahe Null. Die Wahrscheinlichkeit, sich beim Autofahren ohne Atemschutzmaske zu infizieren, liegt ebenfalls bei nahe Null. Trotzdem sind Autofahrer mit Mundschutz und allein am Steuer keine Rarität. Sollten sie ängstlich sein, kein Problem. Problematisch könnte es werden, wenn sie sich als Gesundheitspolizisten fühlen. Denn die gesundheitspolizeiliche Korrektheit führt nicht automatisch zu ethischen Höchstleistungen. So ist die Corona-Krise nicht unbedingt ein Brutstadium für mehr Solidarität. Für manche könnte es die ideale Gelegenheit für Spießer- und Denunziantentum sein. Auch mit Corona-Maulkorb könnten die zukünftigen Gesundheitspolizisten ihr Diktat verkünden. Dieses kennt keine Barrieren. Ist wie bei COVID-19.

Mit Ungewissheit leben

Im Jahr 2020 haben viele etwas Wertvolles verloren. Manche ihren Job, ihre wirtschaftliche Existenz, manche sogar ihr Leben oder nahe Verwandte. Was die Corona-Pandemie und unser Umgang mit ihr aber nahezu der ganzen Gesellschaft geraubt haben, ist eine gewisse Gelassenheit, mit der man in den letzten Jahrzehnten an die Zukunft dachte: Wird schon klappen. Es kommt, wie es kommt. Und jetzt? Wie soll es denn weitergehen im Jahr 2021? Entspanntes Schulterzucken erscheint zurzeit als unangebrachte Reaktion auf diese Frage. Entweder man hofft, oder man fürchtet. Ungewissheit ist das Grundgefühl der Stunde. Und damit umzugehen, haben die wenigsten gelernt.

Ich würde deshalb gern einmal Folgendes zu bedenken geben: Die Zukunft ist und war schon immer ungewiss. Ungewissheit ist ihr Wesen – ob wir es gelassen nehmen oder aufgeregt, ändert daran nichts. Im Jahr 2020 ist besonders vielen bewusst geworden, wie wenig wir die Zukunft beeinflussen können und wie geringfügig unsere Planung, die uns immer so souverän und gelassen machte, sie verändert. Dabei haben wir immer noch Albert Einsteins Drohung im Ohr, dass, wer nicht an die Zukunft denke, auch keine haben werde.

Ich will nicht behaupten, dass es sinnlos ist, vorauszuplanen und auch Unwahrscheinliches zu bedenken. Doch zu viel Energie sollte man darauf nicht verwenden. Genetik, historische Epoche, Eltern, Lehrer, Umwelt, Nation – in all das werden wir ungefragt hineingeboren, können es uns nicht aussuchen und werden davon maßgeblich geprägt. Vermutlich ist an der Theorie etwas dran, dass unser Leben mehr von den Prozessen bestimmt wird, die wir nicht verändern können, als von denen, die wir verändern können. Das klingt zwar einerseits ein wenig fatalistisch, andererseits nimmt es uns aber den Druck und die Verpflichtung, für die nächste und ferne Zukunft alles möglichst minutiös zu planen und zu prognostizieren. Zwanghaftes Planen ist Gift für die Phantasie und die Kreativität. Und wenn uns das Corona-Jahr 2020 eines gelehrt haben sollte, dann nicht alles dem Leistungsprinzip unterzuordnen. Wer im Homeoffice erlebt hat, dass Leistung nur ein Bereich des Lebens ist und nicht sein Zweck, dem geht sie lockerer von der Hand.

Kontrolle ist zwar gut, Selbstvertrauen aber besser, und Angst ist immer ein falscher Berater. Sie macht nicht nur depressiv, sondern auch dumm, wie man angesichts des weithin empfundenen Kontrollverlusts an den vielen Verschwörungsgläubigen sehen kann, die jetzt das Ende der Welt, wie wir sie kennen, heraufziehen sehen. Halten wir uns stattdessen lieber an die Fakten:

Aktuelle wie historische medizinische Daten zeigen, dass mit COVID-19 nicht die Apokalypse gekommen ist. Die Menschheit hat schon weitaus Schlimmeres überstanden, beispielsweise die spanische Grippe 1918/19, deren Opferzahl mit 50 bis 100 Millionen wahrscheinlich höher lag als die Zahl der Opfer durch die Kampfhandlungen im Ersten und Zweiten Weltkrieg zusammen. Ganz zu schweigen von der Pest im Mittelalter, an der mindestens ein Drittel der europäischen Bevölkerung starb. Lassen Sie sich von Schreckensszenarien und der Angst vor weiteren Einschränkungen Ihres Alltags nicht tyrannisieren. Waren die bisherigen wirtschaftlichen und gesellschaftlichen Folgen zum Teil auch einschneidend, sind sie dennoch kein Grund, jetzt der Zukunft entgegen zu zittern. Die Szenarien früherer Epochen waren mindestens genauso schrecklich, aber damals gab es weder Fernsehen noch Internet. Heute ist eine Pandemie zugleich ein großes Inszenierungsprogramm und wird in millionenfacher Verstärkung wahrgenommen, Emotionen und Mutmaßungen schießen ins Kraut. Sich einem permanenten Alarmismus hinzugeben, macht aber krank. Halten Sie sich lieber an die Fakten und an die Wirklichkeit Ihres eigenen Lebens als an Spekulationen. Was haben Sie persönlich nicht schon alles hinter sich gebracht – von den großen Gesellschaftsthemen wie Rinderwahn, Waldsterben, Vogelgrippe und so weiter ganz zu schweigen.

Und da wir gerade bei Ihrem eigenen Leben sind, hier noch ein fast schon nostalgisch anmutender Tipp: Sport und Bewegung an frischer Luft! Macht nicht nur den Körper fit, Sie werden dadurch auch mental ausgeglichener. Das ist seit Jahrzehnten ein medizinisches Faktum ohne jede Ungewissheit.

Der grüne Morgenthau-Plan

Martin Luther King hatte einen Traum. Henry Morgenthau (1891 - 1967) einen Plan. Der amerikanische Politiker deutscher Herkunft war zunächst Landwirtschaftspolitiker, dann Unterstaatssekretär und entwarf 1944 als Finanzminister und enger Mitarbeiter Roosevelts den nach ihm benannten Morgenthau-Plan. Er schrieb unter anderem „Germany Is Our Problem" (1945). Die Lösung war sein Plan. Dieser sah vor, dass Deutschland nach dem Ende des zweiten Weltkrieges zu einem Agrarland umgebaut werden sollte. Entmilitarisierung, Teilung in Nord und Süd, Demontage der Industrieanlagen, Stilllegung sämtlicher Bergwerke – es sollte ganz still und friedlich werden in Deutschland, jenseits aller Aggression, die dieses Land der Welt im zweiten Weltkrieg zugefügt hatte. Doch als dieser Plan im September 1944 an die Öffentlichkeit kam, wurde er so negativ aufgenommen, dass sich selbst Roosevelt, der ihn anfangs befürwortete, davon distanzierte. Der Morgenthau-Plan rutschte in die Versenkung.

Doch 77 Jahre später ist er wieder aufgetaucht. Diesmal in Form des Wahlprogramms der Grünen für das 1,5-Grad-Ziel. Geschichte wiederholt sich. Vor 77 Jahren bedurfte es noch eines äußeren Feindes, um zumindest theoretisch Deutschland in eine Fellachenkultur umzuwandeln. Spätestens seit 1968 kommt der Feind von Innen und zersetzt gendergerecht und CO2-neutral das eigene Land.

Heißt konkret: Die CO2-Abgaben für Wohnen und Verkehr sollen pro Tonne von 25 auf 60 € steigen!

Nicht 2038, sondern schon 2030 soll der Ausstieg aus der Kohle vollzogen werden. Nur zur Erinnerung: Deutschland ist das einzige Land weltweit, das gleichzeitig aus Atom und Kohle aussteigen möchte. Stunde der Ideologen. Hier möchte wohl der deutsche Idealismus am Realismus vorbeipreschen. Am schnellsten sind dabei die Grünen. In einem gewissen Sinne die deutschesten aller Deutschen.

Solaranlagen sollen auf eine Million Dächer kommen.

Obwohl der Ausbau an Windkraft am Widerstand betroffener Kommunen oftmals scheitert, sollen diese Anlage um das 5-fache vermehrt werden.

Autos mit Verbrennungsmotoren sollen ab 2030 nicht mehr zugelassen werden.

Bei allen neuen Gesetzen soll ein „Gender-Check" vorgenommen werden. Natürlich soll es eine Geschlechterparität in den Parlamenten geben.

Ach ja, Verkaufsstellen für Cannabis sollen selbstverständlich auch gebaut werden.

Die letzte Forderung ist wahrscheinlich die sinnvollste, denn nur bekifft hält man die übrigen Forderungen aus.

Finanziert werden soll das Ganze über Schulden und Steuererhöhungen. Das haben die Grünen von Rot gut gelernt. Von 20 bis 30 % werden sie gewählt und je nach Ausgang der Koalitionsverhandlungen zahlen 70 bis 80 % der Bevölkerung für etwas, was sie gar nicht möchten. Wie demokratisch sind wir wirklich?

Wollt ihr das absolute Klima? Wollt ihr es, wenn möglich, noch absoluter und intelligenzbefreiter als wir uns das heute überhaupt vorstellen können?

Das ist der Geist in dem 136 Seiten umfassenden, grünen Morgenthau-Plan für Deutschland. Was die Grünen, *Fridays for Future* und ihre Sympathisanten einfach nicht wahrhaben wollen: Auch wenn angeblich 99% der Meteorologen und Klimatologen davon überzeugt sind, ist die CO2-Hypothese hoch angreifbar. Es gibt wohl kaum eine „wissenschaftliche" Theorie, die so voller Widersprüchlichkeiten ist, wie die CO2-Hypothese. Hier werden statistische Korrelationen als kausale Zusammenhänge verkauft. Aber auch wenn sie stimmt: Deutschland hat am weltweiten CO2-Ausstoß nur einen Anteil von ca. 2%. Anders formuliert: Es kann seinen CO2-Ausstoß verdoppeln, unverändert lassen oder auf null fahren. Der Effekt auf das Weltklima wird jeweils null sein.

Und für diese Null soll ein Land ökonomisch (und kulturell) an die Wand gefahren werden?

Doch nicht nur Deutschland, der ganze Westen fährt sich an die Wand. Dabei zelebriert er eine „Bloß-nicht-anecken"-Atmosphäre. Mit den Angstkeulen Homophobie, Transphobie, Xenophobie und Islamophobie sollen kritische Mitbürger nachhaltig aus dem öffentlichen Diskurs verbannt werden.

Der neue Kinderkreuzzug

Angeblich soll einem Jungen aus Köln namens Nikolaus im Jahr 1212 ein Engel erschienen sein, worauf er die Eingebung hatte, mit dem Kinderkreuzzug nach Jerusalem zu ziehen, um die Bevölkerung von den Sarazenen zu befreien. Jerusalem wurde nie erreicht, viele verhungerten und verdursteten schon bei der Alpenüberquerung, an der italienischen Mittelmeerküste war der juvenile theologische Spuk zu Ende.

Über 800 Jahre später fängt er erst richtig an. Dass der pubertierenden Klimademagogin Greta Thunberg ein Engel erschienen ist, ist nirgendwo berichtet worden. Ihre Politik ist der Klimaaktivismus. Bekannt ist, dass sie unter dem Asperger-Syndrom leidet, einer milden Verlaufsform der psychischen Erkrankung Autismus. Psychische Erkrankung und Politik sind nicht unbedingt eine gute Verbindung. Erfahrene Psychiater wissen: In den ruhigen Zeiten werden psychisch Erkrankte begutachtet, in den heißen beherrschen sie uns. Doch bei genauer Betrachtung ist nicht die psychische Erkrankung von Greta Thunberg das Problem, sondern viel mehr die völlige Kritiklosigkeit hinterherziehender Jugendscharen, die genau wissen, dass die 0,038 % CO_2 in der Atmosphäre, von denen wiederum über 90 % nicht anthropogenen Ursprungs sind, eindeutig für den Klimawandel verantwortlich sind, den es in früheren Epochen schon mehrfach gegeben hat. Nur zwei von vielen Argumenten, die in der öffentlichen Diskussion systematisch ausgeblendet werden. Die Aktivität der Sonnenflecken soll auch eine nicht zu unterschätzende Rolle spielen.

Der FDP-Politiker Christian Lindner hat in diesem Zusammenhang völlig zu Recht festgestellt, dass Klimawandel eine komplexe Angelegenheit ist, die man nicht mit Massendemos und einfachen Botschaften beantworten könne. Nahezu alle anderen Politiker beugen sich als Claqueure der Pubertätshysterie. Politisch unkorrekte Vermutung: Es geht um Rekrutierung künftiger Wählerstimmen. Flankiert werden die klimabetenden Politiker durch Betroffenheitsjournalisten mit pädagogischem Auftrag. Wie meinte die Journalistin Anja Reschke einmal: „Wir Journalisten sind uns sehr bewusst, dass wir die Leute seit Jahr und Tag auch erziehen. Dummerweise haben sie das nun mitgekriegt.“ (Dankesrede von Anja Reschke anlässlich ihrer Auszeichnung zur „Journalistin des Jahres 2015“). Nicht nur das hat man mitgekriegt. Man merkt auch, wie leicht es ist, durch eine einfache Botschaft, so fragwürdig sie auch sein mag, ganze Heerscharen von ideologisch Verzauberten hinter sich zu sammeln. Hat schon immer gut geklappt. Untrügliche Gewissheiten, woran hat man nicht schon alles geglaubt:

1968 wurde Che Guevara, der Christus mit der Knarre, zum kommunistischen Heilsbringer stilisiert – tatsächlich konnte er vom Krieg nicht genug bekommen und hat Verurteilte selbst hingerichtet.

BSE war über Jahre als die durch Fleisch übertragene, infektiöse Gehirnerkrankung schlechthin – tatsächlich ist die Gefahr, vom eigenen Ehepartner umgebracht zu werden, weitaus höher.

Die Psychoanalyse war der heilige Gral in der Behandlung von psychisch Kranken – tatsächlich hat Freud niemanden geheilt und sie wird kaum noch praktiziert.

Gift in der Nahrung als Ursache allen Übels – dieses Gerücht kursiert nicht nur in Esoterikkreisen. Viele Zeitschriften für ökologisch korrekte Lebensformen erliegen regelmäßig der Versuchung, dies als Erkrankungsrisiko Nummer 1 anzuprangern – tatsächlich haben die Beschwerden der Patienten sowohl im Praxis- als auch im Klinikalltag so gut wie nie etwas mit Gift in der Nahrung zu tun.

Aber der durch Menschen verursachte Minianteil an CO_2 soll nun der Schrittmacher des Klimawandels sein, die eine und einzige Wahrheit. Irgendwie hat das ja schon etwas Autistisches. Wie heißt es so schön im Klinikjargon über Autismus: Überragend im Detail, im Großen und Ganzen völlig überfordert. Ersetzt man *überragend* durch *besessen*, so ist die Psychodynamik der *Fridays for Future*-Bewegung ziemlich gut getroffen. So einfach ist das im Zeitalter der Schwarmintelligenz. Man benenne ein Molekül, blende alle Widersprüche aus, nehme ein Pappschild mit drei Worten, setzte sich mit Frustmiene vor ein Regierungsgebäude – und fertig. Die Weltrettungsideologie ist so infektiös, jedes Grippevirus würde vor Neid erblassen. Das postfaktische Zeitalter heißt uns willkommen.

Die Ängste des Westens

Herzlichen Glückwunsch zum Geburtstag, nachträglich! Amanda Gorman wurde am 07.03.2021 23 und möchte mit 38 Präsidentin der Vereinigten Staaten werden. Die Chancen stehen gut. Bei der Inauguration von Joe Biden vom 20.01.2021 präsentierte sie der Welt mit perfekter Performance eine flammende und mitreißende Rede. Es ging um die Renaissance einer solidarischen Gesellschaft, die eine gemeinsame Aufgabe hat. Metaphorisch ausgedrückt durch den Titel des Gedichtes „We climb the Hill".

Am Inhalt dieses Gedichtes gibt es nichts auszusetzen. Eine neuropsychologische Auszeit nahm sich das europäische und insbesondere das deutsche Literaturestablishment. Eine Holländerin gab den Auftrag zur Übersetzung des Gedichtes zurück, nachdem ihr attestiert wurde, dass eine weiße Übersetzerin für Amanda Gormans Gedicht völlig unpassend sei. Ganz schlimm wurde es in Spanien. Dort erfüllte der Übersetzer alle Kriterien des generellen Täterprofils: Männlich, weiß, heterosexuell.

Anders in Deutschland. Der Leuchtturm des deutschen Literaturestablishments Hoffmann & Campe engagierte gleich drei Übersetzerinnen. Weiblich, geschlechtergerecht, sprachbegabt, gendersternchensensibel. Wow!

Drei Übersetzerinnen bildeten einen Stuhlkreis, um mit einer partizipativen Deutungshoheit das Korrekteste der *Political Correctness* ja nicht zu verpassen. Hier kristallisiert sich das Dilemma der angsterfüllten westlichen Toleranzbesoffenheit. Immer schön absichern, es bloß jedem rechtmachen, auch wenn er der größte Zivilversager ist, was für Amanda Gorman sicher nicht zutrifft. Wie hieß der Titel des Gedichtes doch so schön: „We climb the Hill". Wer seine Gedanken und Intentionen drittelt, wird dreimal so viel Zeit brauchen, einen Berg zu erklimmen… ob in unserer schnelllebigen Zeit dafür Zeit ist?

Homophobie, Transphobie, Xenophobie, Islamophobie, … – an wie vielen unterstellten und künstlichen Ängsten will sich der Westen eigentlich noch abarbeiten?

Kleiner Tipp: Nicht mehr daran abarbeiten, sondern von Amanda Gorman lernen. Sie hat eine ungedrittelte Vision, ist spontan, lebendig und verirrt sich nicht in konstruktivistischen oder reflektionistischen Spekulationen. Klar, offen und gerade heraus.

Falls ein weißer Holländer, Franzose, Brite oder Deutscher eine flammende Rede halten sollte, käme Amanda Gorman wahrscheinlich nicht auf die Idee, diese von drei Lektorinnen übersetzen zu lassen. Sie würde sie selbst übersetzen. Und präzise Stellung beziehen. Ist die Rede gut oder ist sie schlecht? Eindeutige Stellungnahmen brauchen keine Drittelung.

In der Figur von Amanda Gorman tritt afroamerikanisches Selbstbewusstsein auf eine fast schon masochistische Lust des Westens auf Selbstzerfaserung.

Das heißt dann kritisches und reflektiertes Bewusstsein. Damit kann man sich in einen Stuhlkreis setzen, aber keinen Berg erklimmen. Den besteigen andere. Vielleicht schon Frau Gorman 2025.

Den Berg des Außenministeriums hat in Deutschland 2021 Annalena Baerbock bestiegen.

Die grüne Volksverführung

Annalena kommt proper rüber. Zumindest auf dem Titelblatt des Spiegels vom 24.04.2021. „Die Frau für alle Fälle", heißt es da. Sie war zwar noch nie Ministerin, noch nicht einmal Bürgermeisterin, aber egal. Kanzler wird sie schon können. Angela Merkel berät im Hintergrund. Was soll da noch schiefgehen?

Annalena Baerbock ist mindestens so erfolgreich wie eine RTL-Show-Moderatorin. Was vielleicht daran liegen könnte, dass die Bereiche Show und Politik sich nur graduell unterscheiden. Sie bedienen nicht gerade die höchsten neuronalen Zellpopulationen. Eher die kritikbefreiten. Genauso liest sich auch das Wahlprogramm der Grünen.

„Wir gestalten unsere Außen-, Entwicklungs- und Sicherheitspolitik feministisch", heißt es da. Schön. Ebenfalls in einer solchen Schönheit könnte auch die AfD ein maskulines Prinzip in ihr Parteiprogramm aufnehmen, frei nach dem Motto „Phallokratische Gradlinigkeit hat schon immer die gynäkologische Diffusion aufs Kreuz gelegt". Macht sie aber nicht, denn so bekloppt sind nur die Grünen. Gender statt Intelligenz, komische Gefühle statt Objektivität, Quote statt Qualität. Kein Wunder, dass im Links-Vegan-Multikulti-Genderrausch ein Mathematiker wie der OB von Tübingen, Boris Palmer, zum immer weniger geduldeten Außenseiter wird. Da muss eine Annalena Baerbock zur gynäkokratischen Spitzenathletin werden, vor der nicht nur Robert Habeck kuscht. Der zukünftige

Brigitte-Kolumnist und Sexismusjäger hat immerhin gute Aussichten, auch stellvertretender Sekretär des deutschen Dackelverbandes zu werden. Gerade in dieser Funktion könnte er sich für die Frauen engagieren. Denn insbesondere grüne Frauen lieben Hunde, je kurzbeiniger und kastrierter, umso inniger.

Der Weg zum Sanierungsfall Deutschland ist grün-feministisch zementiert. Als eifrige Zementmischmaschine betätigt sich die Mainstream-Journaille. Diese gestattet es grünen Politikern, ihre Interviews so umzustricken, dass mitunter „ganze Antworten … gestrichen und neu formuliert" werden (Cicero, Mai 2021). Wenn die Wahrheit nicht mehr existieren soll, bietet sich ein Rutsch nach links an. Die Presse macht es mit, denn beide, Politik und Presse, brauchen sich und biedern sich gegenseitig an. Die Ausführungsorgane der Mainstreampolitik sind Angestellte im öffentlichen Dienst oder Beamte. Wundert es da noch, dass die Hälfte der Mitglieder der Grünen dort beschäftigt ist? Für diese grün-moralin-getränkten Volkssonderpädagogen soll der Staat nicht nur den Rahmen setzen, er soll die Gesellschaft dominieren. Neosozialismus statt Neoliberalismus. Noch hat Deutschland eine Restvernunft: Immerhin sind 2020 in mehreren Bundesländern die von den Grünen propagierten Mann-Frau-Quotenregelungen durch das Bundesverfassungsgericht gestoppt worden.

Kritische Selbstreflexion? Nicht bei den Grünen. Sie brauchen den Laufstall des Bundesverfassungsgerichtes und würden nur zu gerne das Holzgitterchen kaputtschlagen, um sich an ihren infantilen Entgrenzungsphantasien zu berauschen. Da kann man schon mal 66 Geschlechter sehen. Oder fordern, dass das Wahlalter auf 16 Jahre abgesenkt wird. Wenn dann noch Cannabisrauch durch die Schädelbasis diffundiert, wird das Kreuz bei den Grünen automatisch gepinselt. Kommen sie im September 2021 in die Regierungsverantwortung, was recht wahrscheinlich ist, wird nur noch vernünftige Politik gemacht. Außen grün, innen rot. Die Jagdpflicht aller Bundesbürger auf CO2-Moleküle kommt ins Grundgesetz. Überwacht wird diese Jagdpflicht von einer grünen Bundesjagdministerin. Wär‘ doch eine tolle Seniorgymnastik für Claudia Roth.

Auch wenn Deutschland nur zwei Prozent an den globalen CO2-Emissonen hat, werden die Grünen mit Inbrunst versuchen, die gesamte Industrie innerhalb weniger Jahre CO2-frei zu machen. Das Land, das am wenigsten bewirken kann, wird die hitzigsten Diskussionen führen. Je effektivloser, umso besser für das grüne Gewissen.

Wenn die grüne Sonne rot aufgeht, lässt sich endlich ein vernünftiger Staatsdirigismus durchziehen. Was Vernunft ist, werden Madame Baerbock und Co. definieren. Die rote Lieblingsbeschäftigung der Steuererhöhungen werden die Grünen perfekt beherrschen. Über Sprachregelung wird man sich auch freuen können. Einen Vorgeschmack bieten schon die öffentlich-rechtlichen Sender in Form eines abgewürgten und antrainierten „-Innen“. Spätestens jetzt macht die Legalisierung von Cannabis Sinn. Richtig zugedröhnt kann man sich auch Finis Germaniae schön sehen.

Und wenn Cannabis an den neuronalen Sehzentren andockt, wird die Rassismusbrille angeworfen.

Zitteranfälle

Wem es schlecht geht, fragt schon lange nicht mehr seinen Arzt oder Apotheker. Dr. Google ist auch von gestern. Da so gut wie alle gesundheitlichen Probleme eine inzestuöse Verflechtung mit dem Klimawandel eingegangen sind, wendet man sich gleich an das Kompetenzzentrum Annalena Baerbock. Die wendige Surferin auf den Wellen des klimabewegten Zeitgeistes hat sich für Bewegungsstörungen habilitiert.

So entflog ihrem Mundwerk der klimakorrekte Schmetterling, dass Merkels Zitteranfälle irgendwie schon eine Folge des Klimawandels seien. Diese diagnostische Scharfsinnigkeit lässt mich als Neurologen und Psychiater, der für solche Bewegungsstörungen „zuständig" ist, vor Neid erblassen. Neurologisch-psychiatrische Ferndiagnosen, von denen man sich als Neurologe und Psychiater eigentlich fernhalten sollte, sind nun mal das Ressort von Politikern, je grüner, desto sicherer die Diagnose. Madame Baerbock, die sich zwischenzeitlich entschuldigt hat, hätte dies besser nicht getan. Denn die neurologische Spezialambulanz für unwillkürliche Bewegungsstörungen der Charité in Berlin ist weiterhin auf der Suche nach Spezialisten, die auch bei unbequemen Wahrheiten nicht den Schnabel halten. Einen mit Lippenstift verzierten schon gar nicht. Assoziieren, schon mal von was gehört, nicht überprüfen, das Nichtüberprüfte in noch engerem, kausalen Zusammenhang führen, das Ganze mit medialer

Wucht rausposaunen – und fertig! Das ist das Prinzip der Ideologie, auch der der Grünen. Wird auf der Höhe der ideologischen Leidenschaft eine bestimmte Temperatur überschritten, so häufen sich neuronale Funktionsausfälle. Doch manchmal kommt man im Leben auch ohne Gehirn ganz passabel zurecht, oder wie hat das Albert Einstein einmal formuliert: *Die meisten Menschen brauchen kein Gehirn, ein Rückgrat reicht schon aus.* Mit diesem argumentationsresistenten Organ ist die grüne Bewegung bis ganz nach oben gekommen. Ihre Wählerschaft ist ebenfalls von Zitteranfällen gepeinigt, allerdings mehr in symbolischem Sinne. Getriggert werden Zitteranfälle bei Grünen durch alles, was sie so stört. Ob nicht-vegane Ernährung, Alkohol, Würste – oder das Konterfei von Alexander Gauland auf einer grünen Parteitasse. Das Reflexniveau auf Rückenmarksebene vermisst sein Gehirn nicht, es genügt sich selbst. Agitation sticht Reflexion. Und mittlerweile ist Annalena Baerbock Oberärztin der Spezialambulanz und eine rasche Überforderung durch komplexe Bewegungszusammenhänge war schon nach kurzer Zeit nicht zu übersehen. So arbeitet sie nun als Ergotherapeutin in der Abteilung für verhaltensgestörte Kinder, die nur noch „Zehohzwei-Reduktion" vor sich hinbrabbeln können. Das ist das Wohlfühlklima für Annalena Baerbock, wo sie einer neuen Heldin nach der anderen rote Zöpfe flechten kann.

Politische Fehlentscheidungen Symptome einer Vitaminmangelerkrankung?

Die Abenddämmerung in der Boutique war ein klein wenig zu hell. Die Aktivistin setzte ihre Spiegelbrille auf. Nicht nur durch zu viel Helligkeit, sondern auch durch wenig effizientes Verhalten ihrer Mitmenschen war sie in letzter Zeit nervöser geworden. Insgesamt tat die Welt ihrer Psyche nicht mehr gut. Eine Verkäuferin kam zu ihr. Ein schneckenhafteres Tempo war nicht mehr möglich. Endlich stand sie vor ihr.

„Hallo, wie geht es Ihnen?"

„Schlecht, noch langsamer geht's wohl nicht … ich steh seit mindestens 20 Minuten hier und Sie fragen mich, wie es mir geht? Geht's noch?"

Die Verkäuferin sprang sofort in den argumentationsfreien Raum.

„Was wünschen Sie?"

„Einen olivgrünen Schal."

„Der passt bestimmt gut zu Ihnen. Mal schauen, was wir da so haben."

Auch die Aktivistin schaute sich um. Allmählich kam sie runter.

„Hier, der ist von *Day.Like*, gerade aus Mailand eingetroffen, steht Ihnen bestimmt super."

Super! Diese ständigen Superlative des Neoliberalismus machten sie ganz schwindelig. Doch ein Blick in den

Spiegel verriet, dass die Verkäuferin gar nicht so daneben lag.

„Ist sogar 50 % reduziert."

Ihr Halsbereich wurde wärmer.

„Gute Empfehlung, den nehm' ich."

Danach huschte sie schnell in ihr Elektroauto und die Schnäppcheneuphorie verflüchtigte sich in Sekundenschnelle. Die digitalen Steuerungsmechanismen ihres CO_2-freien Automobils waren momentan so defekt, dass sie ganz auf ihr fragiles Selbst angewiesen war. Gas geben funktionierte gut, aufpassen nicht ganz so gut: Die 30er-Zone in Berlin-Charlottenburg wurde mit 80 km/h genommen. Der zähfließende Verkehr auf der Leipziger Straße kurz vor dem Potsdamer Platz sorgte für eine deutliche Verzögerung. Der olivgrüne Schal stand ihr wirklich ausgezeichnet, wie sie im Rückspiegel sah, doch dadurch beschleunigte sich ihre Fahrt nicht wirklich. Ob sie dem Rückspiegel einen Smiley zusenden oder ihn abreißen sollte – das grummelte und kämpfte noch in ihrem limbischen System. Das weit entfernte DB-Hochhaus grinste sie von weitem immer noch frech an. Die Minuten vergingen, nach der 17. war sie kurz davor, einen *Espresso Coretto* im NH-Hotel zu nehmen, das wenige Schritte neben ihr lag. Diesem Verlangen nicht nachzugeben, ist eigentlich bescheuert, beschwatzte sie wiederum ihr limbisches System. „Genau!", sagte sie sich, „wenn der Verkehr so gestört ist, sollte ich darauf keine Rücksicht nehmen und meinen eigenen Stiefel durchziehen." Ihr neuronales Belohnungszentrum setzte sich durch. Trotzig riss sie die Handbremse hoch, schaltete weder die Warnblinkanlage ein noch den

Motor aus und schwebte zur Bar des NH-Hotels. Plötzlich wurde ihr übel, sie konnte gerade noch mit letzten Kräften einen Stuhl vor dem Hotel erreichen. Plumps, das Kissen sagte nichts. Von nun an saß sie da und bewunderte den zunehmenden Stau vor ihrem E-Auto. Dadurch erfuhr sie einen fast kontemplativen Bewusstseinszustand. Nach einiger Zeit stellte sie fest, dass sie weder Arme noch Beine bewegen konnte. Auch ihr Mund, der sonst mehr auf als zu war, war irgendwie vollständig gelähmt und verschlossen.

„Kann ich Ihnen helfen?“ So eine ähnliche Frage hatte sie heute schon einmal gehört. Ein älterer Herr beugte sich dicht über sie, um eine noch so leise Antwort zu hören, aber er konnte nur ihre etwas altmodischen Stoffschuhe sehen und erkennen, dass das Problem dieser Frau ein paar Etagen höher war. Dann zückte er sein Smartphone, wählte den Notruf und kurze Zeit später kam der Rettungswagen. Um sie aus dem Stuhl zu lösen, war eine muskelrelaxierende Injektion notwendig. Danach konnte man die Aktivistin mit den schwarzen Haaren und den etwas zu rot geschminkten Lippen problemlos auf die Trage packen und in den KTW hineinschieben. Dort lag sie nun entspannt und lächelte vor sich hin. Sprachliche Mitteilungen kamen ihr unsinnig vor.

Nach Ankunft in der Notfallaufnahme der Charité stritt sich zunächst der diensthabende Neurologe mit dem diensthabenden Psychiater:

„Auch wenn sie dusseliges Zeug redet, ist sie bewusstseinsklar und orientiert, also ein Fall für dich“, meinte der Neurologe.

„Falsch“, sagte der Psychiater, „ihre Sensibilitätsstörungen und ihr Reflexmuster weisen eindeutig auf eine organische ZNS-Erkrankung.“

Der Mathematiker im weißen Kittel, auch Neurologe genannt, gab etwas gönnerhaft nach, lächelte die meditierende Aktivistin zuversichtlich an und dirigierte in den nächsten zweieinhalb Tagen eine nahezu perfekte, neurologische und internistische Klaviatur.

„Gibt's eigentlich schon eine präzise Diagnose?“, fragte der Chef seinen Assistenten bei der Visite.

„Selbstverständlich. Exogene Psychose bei extremem Vitamin B12-Mangel durch langjährigen Veganismus.“

„Das ist ‘ne Diagnose, verursacht durch ’ne fixe Idee. Verdammt noch mal, wer hat eigentlich den Veganismus erfunden?“ Das Stöhnen des Chefarztes hatte einen leicht resignativen Touch.

Dann fragte er: „Wie heißt sie überhaupt?“

„Baerbock, Annalena“, schoss es katapultartig aus der rotangemalten Öffnung.

„Liebe Frau Baerbock, das Verhältnis zu Ihrer Ernährung sollte ein wenig lockerer werden, wann haben Sie eigentlich den letzten Cheeseburger gegessen?“, meinte er fast verständnisvoll zu ihr.

„Den kann ich Ihnen braten, essen müssen Sie ihn schon selbst“, kam es flott aus der Öffnung zurück.

„Im Übrigen, warum lieg ich hier, was ist los mit mir?“

„Wenn Sie Cheeseburger nicht nur braten, sondern auch essen würden, würden Sie hier nicht liegen.“

„Was heißt das jetzt konkret?“

„Ganz einfach. Durch Ihr jahrelanges Reinstopfen von grünen Fasern in Ihren Organismus haben Sie dem Vitamin B12 die Tür vor der Nase zugehauen. Aber Ihr Organismus braucht Vitamin B12. Ist u. a. in Cheeseburgern drin und in der Muskulatur von Wesen, die draußen mit vier Beinen rumlaufen. Ohne Vitamin B12 zickt Ihr Nervensystem einfach nur herum und Sie verkennen die Realität."

So stand der Chefarzt der Neurologie am Bett. Die Baerbock erreichte er nicht. Da die Klinikleitung Todesfälle durch unterlassene Therapiemaßnahmen nicht ganz so gerne sah, schnürten sich die Fixierungsgurte ein klein wenig enger um die Arme und die Venen wurden empfangsbereiter für die Infusionsnadel. Vitamin B12 floss hochdosiert hinein, überwand die Blut-Hirn-Schranke und Frau Baerbock wurde wieder normal.

Plötzlich ertönte eine Stimme aus dem Filmstudio: „Klappe zu und Schluss, das reicht", rief der ethikelastische Fleischproduzent seinem Regisseur zu.

„Mehr brauchen wir nicht. Wenn wir das ins Internet setzen, haben wir der links-grün-veganen Mischpoke schon genug vors Schienenbein getreten."

Eine völlig überdrehte Geschichte? Vielleicht. Vielleicht auch nicht. Folgende Fakten könnten langweilig, aber nicht ganz unwichtig sein: Ein Mangel an Vitamin B12 führt nicht nur zu Sensibilitätsstörungen und Reizbarkeit, sondern auch zu Wahn und Halluzinationen. Die Konzentration an Vitamin B12 in vegetarischer und veganer Ernährung liegt massiv unter dem, was nicht nur ein menschlicher Organismus dringend benötigt. Zahlreiche

Studien kamen zu dem Ergebnis, dass 60 bis 90 % der Veganer unter Vitamin-B12-Mangel leiden. Den höchsten Anteil an Veganern im Bundestag findet man in der grünen Partei. In diesem Zusammenhang war eine interessante Kasuistik im Arzneimitteltelegramm, einem wissenschaftlichen Publikationsorgan für Arzneimittel und Ernährungsstoffe, im Oktober 2019 zu lesen: Eine seit sieben Jahren vegan lebende Patientin entwickelte drei Jahre später eine paranoide Psychose, die mit Antipsychotika behandelt werden musste. Erst nach vier Jahren wurde die richtige Diagnose eines Vitamin B12-Mangels gestellt.

Ein wahrscheinlich unerfüllbarer Wunsch an dieser Stelle: Die Naturwissenschaften sollten mal diese Thematik aufgreifen. Denn alles Mögliche wird untersucht, wie beispielsweise der Ovarialzyklus mexikanischer Springmäuse in Abhängigkeit von der Jahreszeit. Mit etwas mehr Berechtigung könnte man doch auch politische Entscheidungen im Spiegel von der Vitamin-B12-Serumkonzentration untersuchen, oder?

Materie und Geist sind enger verflochten als man glaubt. So soll die Substanz Alkohol wesentlich für die Literatur sein. Hierzu passt gut, dass über 75 % der Literaturnobelpreisträger Amerikas Alkoholiker waren. Bei dem Zuviel an dieser Substanz kam wenigstens Unterhaltsames heraus. Beim Zuwenig an Vitamin B12 sollte man sich auf einiges gefasst machen.

Alles Rassismus?

Gedankenexperiment. Stellen Sie sich vor, Sie betreten den Frankfurter Flughafen vor der Corona-Pandemie und steuern auf ein Restaurant zu. Auf der linken Seite befindet sich eine lärmende Touristengruppe aus Italien, leicht angetrunken, schrill und laut. Rechts Araber, ganz still, insbesondere die mit Burka versehenen Frauen, definitiv alkoholfrei. Wohin setzen Sie sich? Mit 99 %-iger Wahrscheinlichkeit zu den Italienern. Sind Sie damit Rassist? Mit hoher Wahrscheinlichkeit. Denn zwischen ihren Ohren haben Sie unbewusst – wenn nicht sogar ganz bewusst – eine Negativbeschreibung des orientalischen Kulturkreises vollzogen. Dass die arabische Volksgruppe mit Vollverschleierung Ihnen irgendwie fremd vorkommt? Damit kommen Sie nicht durch. Die derzeitige *Political Correctness* würde Sie mit diesem Argument sofort abstrafen.

Das gerade Skizzierte ist die aktuelle Deutungshoheit. Die Ideologie der Linkslibertären. In Ermangelung echter Probleme ergießt sich die politische Linke im Verbund mit Sozialwissenschaftlern in psychophilosophischen Spitzfindigkeiten, die der Realität nicht entsprechen.

In den säkularen Überflussgesellschaften des Westens werden alle Nullitäten zu existenziellen Problemen aufgepumpt. Die Energie für diese Luftpumpe oszilliert zwischen Ablenkung aus wirklichen Problemen und europider Sozialromantik. In einer solch sozialutopischen Absicherungsmatratze können sich insbesondere die Zeitgenossen der Generation Schneeflocke (nach 2000 geboren, vor 1900 garantiert nicht lebensfähig) schon mal in den Ritzen verirren.

Darin folgen ihnen insbesondere Politiker des linken Spektrums, die wiedergewählt werden wollen und eine Herabsetzung des Wahlalters auf 16 Jahren fordern. Na prima, pubertäres Gehirn trifft digitale Demenz und heraus kommt so etwas wie Annalena Baerbock, nun ja, wir wollen großzügig sein, Ursula von der Leyen könnte ganz sicher auch dabei sein. Oder Katharina Barley. Oder Franziska Giffey … oder …. Spaß beiseite. Die von den etablierten Parteien ständig befeuerten Diskussionen über Rassismus, Sexismus, Genderismus usw. hat mit der Realität kaum etwas zu tun.

Kleiner Ausflug in das reale Alltagsleben.

Vermeiden Sie ein asiatisches Restaurant? Denken Sie beim Gang zum Chinesen an die Hunnenrede Wilhelms II. (1859 - 1941)? „(…) auf das noch in 1.000 Jahren kein Chinese es wagt, einen Deutschen auch nur scheel anzusehen!“ Fühlen Sie sich beim Besuch eines griechischen Restaurants unmittelbar an die Militärdiktatur von 1967 bis 1974 erinnert? Oder assoziieren Sie spontan unterschiedliche Reproduktionsstrategien, wenn Sie einen afrikanischen Mitbürger sehen?

Wahrscheinlich nicht. Trotzdem sind die Claqueure des westlichen Establishments fest davon überzeugt, dass Deutschland und der Westen ein Riesenproblem mit Rassismus haben. Warum? Da sind wir wieder bei den Nullitäten, die zu Riesenproblemen aufgepumpt werden. Warum wird soviel gepumpt? Könnte die postmoderne

Philosophie hier mehr als ein Zünglein an der Waage sein? Kleiner Lidschlag zurück.

Diese philosophische Strömung ist in den 50er Jahren des letzten Jahrhunderts entstanden und geht davon aus, dass die maßgeblichen Projekte der Moderne gescheitert sind. Mit Projekten sind u. a. die Naturwissenschaft sowie Sozialismus und Kommunismus gemeint, um die wichtigsten zu nennen. Sie haben ihre Versprechungen von einer besseren Welt nicht gehalten und stattdessen Auschwitz und Hiroshima möglich gemacht. Nach der postmodernen Philosophie gibt es keine allgemein verbindlichen Wahrheiten mehr. Diese seien immer eine Frage von Macht und Diskurs. Für politische Vorstellungen mag das durchaus zutreffend sein. Postmoderne Philosophen gehen aber noch viel weiter. Für sie sind auch Objektivität und naturwissenschaftliche Experimente sowie ihre nachprüfbaren und messbaren Ergebnisse letztlich eine Frage von öffentlichen Diskussionen, Interpretationen, Macht und Emotionalität. Überspitzt ausgedrückt: Eins plus eins ist nicht immer gleich zwei, sondern man kann unter bestimmten gesellschaftlichen Bedingungen und subjektiven atmosphärischen Schwingungen auch schon mal 2,3 sein. Jeder hat seine eigene Wahrheit.

Wenn die Objektivität dermaßen verhöhnt wird, kommt rasch die Sternstunde der Ideologen. Ihr Instrument der Stunde ist die *Cancel Culture*. Vieles wird dadurch möglich. Die wichtigste Strömungsrichtig ist die, Leute aus dem öffentlichen Diskus zu verbannen, deren Meinung einem nicht passt. Der Linguistik-Professor John McWhorter beschreibt dies anschaulich in seinem Interview im Spiegel-Nr. 11/13.3.2021, wo er beispielsweise sagt, dass es nicht darauf ankomme, „was jemand sagt und ob das wahr ist oder falsch, sondern allein auf die Identität desjenigen, der seine Klagen vorbringt.“ … Denn es geht nicht darum, sich seines Verstandes zu bedienen. Professor McWhorter hält eine wissenschaftsfeindliche Linke, die zwar nicht zu physischer Gewalt greift, aber dennoch jeden verfolgt, der sich eine unabhängige Meinung leistet, für „beängstigend“.

Hier rechnet jemand, der kein weißer, sondern ein schwarzer Professor für Linguistik ist, mit seiner eigenen Ethnie ab.

Schon sieben Jahre vorher kam es diesseits des Atlantiks zu einer Abrechnung mit frappierender Ähnlichkeit. Der türkischstämmige Autor Akif Pirinçci las 2014 nicht nur seinen Landsleuten die Leviten. In seinem Buch „Deutschland von Sinnen“ rechnete er u. a. mit dem radikalen Islamismus ab. Wie heißt es in seinem Buch so schön: „Der Islam gehört zu Deutschland wie die Reeperbahn nach Mekka“. Oder: „Der deutsche Staat lässt einen nicht hängen (…) auch wenn er nicht zum Arbeiten kommt, weil er den Koran zum 80ten Mal studiert“. Akif Pirinçci geht nicht davon aus, dass Moslems den Westen nicht mögen, sondern diesen im Gegenteil sogar lieben, sogar mehr als die einheimische Bevölkerung. Andererseits möchte der Muslim „sein Zeug noch obendrauf“. Pirinçcis Verriss der deutschen Toleranzbesoffenheit ist auch nach sieben Jahren aktueller denn je.

An dieser Toleranz Kritik zu üben ist politisch nicht korrekt. Rasch kommt die Rassismuskeule. Die toleranzbesessene linksgrüne Jakobinerkaste des Westens wittert, insbesondere in Deutschland, in allem z. T. wohlbegründeten Skeptizismus gegenüber dem Fremden, Rassismus. Rassismus in diesem Diskurs ist oftmals nicht im biologischen Sinne gemeint, sondern versteht darunter auch unterschiedliche Ethnien, die sich kulturell, aber nicht biologisch wesentlich unterscheiden.

Linksgrüne Ideologen können die fremde Ethnie bzw. Kultur natürlich besser beurteilen als die indigenen Kritiker. Selbstkritik gegenüber der eigenen Hybris wird verboten.

Eigentlich geht es doch nur um die ganz normale Skepsis vor dem Fremden. Eine evolutionsbiologische Konstante. Sie greift weit über die Anthropologie hinaus. Jeder Fuchs schaut sich seinen Kollegen an und mustert ihn darauf, wie dieser wohl tickt. Ob Biologie, Geschichte, Psychologie – die Skepsis vor dem Fremden ist normal. Seit Jahrtausenden, seit Jahrmillionen. Hinter all diesen Skeptizismen sofort Rassismus zu wittern, spiegelt nicht gerade differenziertes Denken wider. Eher ein Agieren auf spinalem Reflexniveau. Höchste Zeit für die Wahrnehmung von Unterschieden und differenziertem Denken.

Doch diese Tugenden haben in den Gehirnen von postmodernen Sexismusjägerinnen keinen Platz.

Phobie: Die Psychofalle im Politzirkus

Psychiatrie, Psychologie, Psychotherapie – worum sie sich nicht alles kümmern. Schaut man in einem Buchladen in der Abteilung für Ratgeberliteratur, wird kaum ein Lebensbereich ausgelassen. Ob beruflicher Alltag, Stimmtraining zur Vorbereitung auf Meetings, privater Alltag, Resilienztraining zur Vorbereitung auf partnerschaftliche Konfliktgespräche, kritische Situationen in der hundegestützten Psychotherapie, hundegestützte Pflege dementer Eltern, Trauerarbeit, Überforderung mit ADHS-Kindern, Überforderung mit überforderten Eltern, Lampenfieber beim Elternsprechtag, Umgang mit Narzissten beim Parteitag, Herausforderung eines Sonntagnachmittags bei den Schwiegereltern, Aufnahme der 15-jährigen Tochter in die Jugendabteilung der AfD, umgehen mit dem Comingout des 17-jährigen Sohnes, Umgang mit der neuen nordafrikanischen DHL-Mitarbeiterin, die offiziell eine Bereicherung ist, aber real alles falsch macht, und wie eine junge Frau mit der ihr aufkeimenden Emotionalität umgeht, wenn sie einen jungen Mann sieht, der breitbeinig in der U-Bahn sitzt und sie frech angrinst – sorry, aber diese Aufzählung ist total unvollständig. Was die Psychofächer in den letzten Jahrzehnten problematisiert haben, würde selbst die Uni-Bibliothek von Harvard sprengen. Durch kontinuierliches Fragen, Hinterfragen, und Reflexion der größten Selbstverständlichkeiten wird alles zum Problem. Fast könnte man ein Geschäftsmodell unterstellen: Problematisiere alle Lebensbereiche und biete als Problemlösung psychologische Beratung und Psychotherapie an, dann wirst du nie arbeitslos.

Die Psychofächer thematisieren so gut wie alles. Banalitäten machen einen nicht zu geringen Anteil aus. Müßig, sich damit zu befassen. Wie so oft ist viel interessanter, was nicht thematisiert wird. Es ist das Politische am Psychischen. Homophobie, Transphobie, Xenophobie, Zigophobie, Islamophobie – wer auch nur einen Hauch von Kritik gegenüber Homosexuellen, Transsexuellen, Fremden, Zigeunern oder dem Islam sowie der Coronadiktatur artikuliert, muss psychisch krank sein. Denn nach der aktuell gültigen Klassifikation psychischer Erkrankungen bezeichnet Phobie eine übersteigerte, rational nicht begründbare Furcht vor bestimmten Situationen, Gegenständen oder Menschen. Nach tiefenpsychologischer Deutung soll diese Angst Ausdruck eines inneren Konfliktes sein. Anders ausgedrückt: Wenn ich Angst vor meiner (vermeintlichen) eigenen Homosexualität habe, ängstigen mich Homosexuelle. Spekulatives und simplizistisches Denken macht auch vor der Psychologie nicht halt. Vor der Politik schon gar nicht. Die Politiker der *Political Correctness* machen es sich einfach: Man nehme einen psychiatrischen Fachbegriff wie beispielsweise Phobie, verbinde diesen mit einer Minderheit und bezeichne damit Kritiker derselben. Dadurch werden diese automatisch zu Psychiatriepatienten erklärt, mit denen, da sie ja psychisch krank sind und Realitäten offensichtlich nicht mehr richtig wahrnehmen können, eine weitere Diskussion im Zauberkreis der argumentativen Vernunft nicht mehr möglich ist. Mit den Pseudoargumenten von psychisch Kranken muss man sich nicht weiter beschäftigen. Psychisch krank gleich politisch tot. Problem erledigt. Doch die Realität spricht eine andere Sprache. Der Islam ist mit der Aufklärung und der westlichen Demokratie nicht vereinbar und es gibt so gut wie keine europäische Geistestradition, die keine islamkritischen Positionen aufweist. Ob Christentum, Judentum, Aufklärung oder Reflexionen in der zeitgenössischen Literatur wie Salmon Rushdies *Satanische Verse* oder Michel Houellebecqs *Unterwerfung*. Auch damit könnte man die Uni-Bibliothek von Harvard zum Platzen bringen.

Oder Homophobie. Damit soll eine psychische Störung einem Teil der heterosexuellen Mehrheit unterstellt werden. Damit wird aber übersehen, dass die jahrtausendelange Geschichte der Menschheit gezeigt hat, dass nicht nur Männer, sondern auch Frauen einen deutlichen Widerwillen gegen sich feministisch-affektiert verhaltende Männer entwickeln. Genau diesen Widerwillen möchte das Wort „Homophobie“ als psychisch krank entlarven. Ob die psychopolitischen Umerziehungsingenieure damit reüssieren werden?

Dass eine Gesellschaft, die mit sozialen Abstiegsängsten, der Pflege dementer und multimorbider Eltern, Flüchtlings-, Klima- und Corona-Krise, wirtschaftlichem Überleben usw. beschäftigt ist, für diese Stigmatisierung politisch Andersdenkender kaum sensibilisiert ist, ist nicht verwunderlich. Es verwundert aber sehr, wenn von psychiatrischen und psychologischen Fachgesellschaften zu dieser Entgrenzung eines psychiatrischen Krankheitsbegriffs nichts zu hören ist. Gerade die Psychofächer, die zurecht die Stigmatisierung psychisch Kranker angreifen, haben dem Angriff politisch Andersdenkender durch Psychiatrisierung offensichtlich nichts entgegen zu setzen. Googelt man die unterschiedlichen Phobiebegriffe in Verbindung mit den führenden Fachzeitschriften (*Der Nervenarzt*, *Nervenheilkunde*, *Der Psychotherapeut*, *Neurotransmitter*, *Neuroaktuell*, *Psychologie Heute* etc.) wird artig erklärt, dass der Skeptiker möglicherweise ein Problem hat, aber nicht die kritisierte Minderheit. Wenigstens hatte Trevor Philips, der Auftraggeber einer Studie zur Islamophobie, so viel Selbstkritik, dass er sich später von diesem Begriff distanzierte, weil dieser eine offene Debatte nicht möglich mache. Und Wikipedia räumt zumindest ein, dass Xenophobie „evolutionsbiologisch (…) als wahrscheinlich überlebensdienliches Erbe aus dem Tier-Mensch-Übergangsfeld" interpretiert werden kann. Eben die ganz normale Skepsis vor dem Fremden. Diese hat mit psychisch krank nichts zu tun.

Doch Psychiatrie und Psychologie haben an der Ausweitung eines Begriffes für psychisch Kranke auf politisch Andersdenkende offensichtlich kein Problem. Dann beschäftigt man sich doch lieber mit genussvollem Entspannen, Geschwisterkonstellationen oder spricht mit seinem inneren Kind. Fast könnte man den Eindruck gewinnen, dass Psychiater und Psychologen die Advokaten der *Political Correctness* sind. Dass das Psychische auch politisch ist, scheint sich bei den Psychos noch nicht so richtig rumgesprochen zu haben.

3 G, 2 G oder einfach Gaga?

Geimpft, genesen oder getestet – bislang reichte es, eine dieser drei Hürden im infektiologischen Galopprennen zu überspringen, um in die Innengastronomie zu reiten. Doch das reicht nicht mehr. Findet zumindest Hamburg. Der Negativ-Test muss raus, er alleine könnte dazu führen, dass das hanseatische Gesundheitssystem in die Nordsee kippt. Deswegen gilt ab sofort nur: Geimpft oder genesen, ganz oder gar nicht. Auf so einen neurotisch unzuverlässigen Test will man nicht mehr bauen. Dann doch lieber die Krankheit heroisch durchgemacht oder die im Ruck-Zuck-Verfahren entwickelte Impfung an sich selbst ausprobiert haben. Darauf kann man bauen. So glaubt man heute. Morgen wird es heißen: Selbst darauf kann man nicht bauen. Denn sowohl Geimpfte als auch Genesene können sich erneut infizieren und ihre Mitmenschen anstecken. Man ahnt, was als Nächstes kommen wird, wenn man ganz sicher gehen will. Genau, man führt wieder 3 G ein, aber nicht so, dass nur ein G erfüllt sein muss, um eine Kneipe zu betreten, sondern alle 3! Zunächst infiziert man sich, damit man weiß, mit welchem virologischen Schlimmling es man zu tun hat, geht in Quarantäne, kommt gesund raus, lässt sich anschließend mindestens dreimal impfen und als Antidot für die Restzweifel der Mitbürger zeigt man dem Kellner noch einen Negativtest über SARS-CoV-2, der nicht älter als 45 Minuten ist. Aber ob das für die neue Subdelta-Variante AY.3 ausreicht? Oder für Omega-Phi², die Variante, über die noch kaum einer etwas weiß und über die sich der Corona-Karl nach zwei Gläsern Rotwein gegenüber Bild-Journalisten verplappert hat? Diese Varianten werden durch die Nahrung übertragen, können vom Immunsystem nicht erkannt werden, umgehen lässig-locker die Blut-Hirn-Schranke und landen direkt im ZNS. Zumindest bei einem der drei Kanzlerkandidaten munkelt man schon über eine rein neurologische Manifestation von Covid-19…

…oder hat die rein neurologische Manifestation schon den größten Teil der Bevölkerung in die Angsthysterie katapultiert? Hat sie nicht dazu geführt, dass der Staat mit seinen Bürgern so ziemlich alles machen kann, was er will? Bis hin zur Existenzvernichtung von kritischen Richtern, Journalisten und Medizinern? Fakt ist, dass zahlreiche Experten für Virologie oder Epidemiologie, die das genaue Gegenteil von dem vertreten, was Drosten und Co vertreten, eine genauso große wissenschaftliche Reputation haben. Eine öffentliche Diskussion zwischen diesen beiden Lagern hat nie stattgefunden. Und Schweden steht besser da als so mancher Staat mit den rigidesten Lockdown-Maßnahmen. Dieses manische Drängen nach der Null-Fehler-Kultur und der totalen Absicherung erinnert mich doch sehr an ein Bonmot des Schweizer Historikers Jacob Burckhardt (1818-1897):

„Je präziser wir verfahren, umso sicherer gehen wir in die Irre.“

In diesem virologischen Affentheater kommen Figuren nach oben, die man im Mittelalter noch nicht einmal als Hofnarren beschäftigt hätte. Wie Jan Böhmermann. So ein Polizistensohn kann nur zum Gesundheitspolizisten Nr. 1 werden.

Jan Böhmermann trifft Diederich Heßling

Wie ich vor kurzem einer E-Mail entnehmen konnte, sucht Deutschland eine Million Infektionsschutzhelfer. Wer einer von diesen Medizinaufsehern werden möchte, durchläuft eine Online-Ausbildung. Online gleich null Infektionsrisiko. So ganz scheint man den eigenen Ausbildungsinhalten dann doch nicht zu trauen. Die Organisation dieser Ausbildung liegt in den Händen der Deutschen Mittelstands-GmbH. Sollte diese mal einen Ehrenpräsidenten suchen, schlage ich Jan Böhmermann vor. Der Polizistensohn und langjährige *ZDFneo*-Moderator hat gute Chancen zu Deutschlands Gesundheitspolizisten Nummer 1 zu werden. Derzeit profiliert er sich als Oben-ohne-Jäger. Vor den Kamerapistolenlauf kam ihm Christian Lindner, als dieser im Mai nach einem Restaurantbesuch seinem Begleiter um den Hals fiel, natürlich ohne Atemschutzmaske. Böhmermann sei so empört gewesen, dass er das Lindner-Fauxpas-Foto 2,1 Millionen Followern schickte. Da machte er ein wenig schlapp, das nächste Promi-oben-ohne-Foto wird er an 82 Millionen Follower schicken. Ganz Deutschland wird erwachen und frühmorgens als Erstes die Atemschutzmaske aufsetzen. Brav, Böhmermann, brav.

Vor über 30 Jahren habe ich Jan Böhmermann schon mal im Fernsehen gesehen. Da hieß er noch Diederich Heßling. Der Film hieß „Der Untertan“, nach dem gleichnamigen Roman von Heinrich Mann. Dort werden Zucht,

Drill und Autoritätshörigkeit des Wilhelminischen Zeitalters aufs Korn genommen. So wie Diederich Heßling katzbuckelnd und hechelnd immer auf der richtigen Seite der Kutsche dem Kaiser den Hut entgegenschwenkt, so ist Jan Böhmermann immer auf der richtigen Seite der Geschichte. Da kann er nicht mehr *ZDFneo*-Moderator bleiben, da muss er ZDFneo-Spießer werden. So wie Diederich Heßling das Haus des Kaisers bewacht, so wacht Jan Böhmermann über die Gesundheitstugenden „seiner" Deutschen. Diederich Heßling wäre stolz auf ihn.

Und sollte es einmal mit Böhmermanns Moderatorentätigkeit nicht so ganz laufen – auch kein Problem. Ebenso wenig ist es ein Problem, dass Jan Böhmermann über keine abgeschlossene Berufsausbildung verfügt. Die braucht er auch nicht, wenn er eines Tages als engagiertester Mitarbeiter bei DHL Atemschutzmasken an deutsche Haushalte verteilt.

Epilog

Wie kommen wir aus diesem komplex-komplizierten Schlamassel?

Durch eine Renaissance des Pragmatismus! Das Credo dieser Idee lautet: Als Wahrheit gilt einzig und allein das, was sich mit der Gesamtheit der Erfahrungen am besten vereinigen lässt und sich in die jeweiligen Belange des Lebens fügt. Für *Gender* ist da kein Platz. *Gender* ist eine ideologische Phantasmagorie, die in der realen Welt nicht existiert. *Gendern* kann man ändern. Um nur eine schiefe Pflanze aus dem grünen Sumpf zu nennen.

Zwar postulierte Lenin, dass die Deutschen zu einer Revolution nicht fähig sind („*Revolution* in *Deutschland*? Das wird nie etwas, wenn diese *Deutschen* einen Bahnhof stürmen wollen, kaufen die sich noch eine Bahnsteigkarte!“). Jahrzehnte später forderte der ehemalige Bundespräsident Roman Herzog, dass ein Ruck durch Deutschland gehen müsse und verweist u. a. ebenfalls auf den Pragmatismus. Eine ganz pragmatische Sichtweise auf die Realität haben auch die drei Parias der Altparteien. Sahra Wagenknecht (Die Linke), der ehemalige Verfassungsschutz-Chef Hans-Georg Maaßen (CDU) und der Tübinger Oberbürgermeister Boris Palmer (Grüne). Sahra Wagenknecht weiß, dass das Neue eine Verschlechterung ist, wenn die Vergangenheit mehr Zukunft enthält als die Gegenwart. Sie kritisiert die Merkel'sche Einwanderungspolitik, die durchaus kritisch gesehen werden muss. So zitiert sie in ihrem Buch „Die Selbstgerechten" (Campus 2021) den Migrationsforscher Paul Collier: „Tatsächlich waren die Menschen, die die Dienste der Menschenschmuggler in Anspruch nahmen, besonders risikobereit, nämlich junge Männer, und sie waren vergleichsweise wohlhabend." Gezeigt wurden in den öffentlich-rechtlichen Medien Frauen mit kleinen Kindern. Risikobereite junge Männer waren offensichtlich kamerascheu. Hans-Georg Maaßen spricht klar aus, dass ein 19-sekündiges, wackliges Handy-Video einer anonymen Twitter- und Facebook-Gruppe namens „Antifa Zeckenbiss" keine seriöse Quelle sein kann und somit auch kein Beweis ist für eine Hetzjagd auf Ausländer in Chemnitz Ende August / Anfang September 2018. Obwohl (oder gerade weil?) er mit gesundem Menschenverstand urteilt, bringt er sich damit auf die Abschussliste der nach links gerückten Bundesregierung.

Und Boris Palmer hat als Mathematiker nüchtern erkannt, dass in der Corona-Krise viele intensivpflichtige Menschen multimorbide sind und das Corona-Virus nicht das eigentliche Problem war. Seine damalige Formulierung hörte sich für viele zynisch an, aber Zynismus und Realismus sind manchmal näher beieinander als einem lieb ist. Boris Palmer ist eben ideologiebefreiter Mathematiker in einer Partei der ideologiebetrunkenen Geschwätzwissenschaftler.

Die drei Parias der etablierten Parteien – wir sollten sie unterstützen. Sie sind unbequem und genau dadurch lassen sich Veränderungen bewirken. Das wusste schon der erste Kanzler in der Bundesrepublik Deutschland, Konrad Adenauer: „Machen Sie sich erst einmal so richtig unbeliebt, dann werden Sie auch ernst genommen."

Die Corona-Krise ist nun die Chance, es so richtig schön ungemütlich werden zu lassen. Das könnte einmünden in revolutionäre Umwälzungen. Schon lange wissen wir, dass Lenin nicht in allem Recht hatte. Wie wäre es z. B. mit einer konservativen Revolution?

Konservative Revolution – was irgendwie nicht zusammenpasst, passt bei näherer Betrachtung sehr wohl. Denn gerade im hysterisierten Medienzeitalter, wo das Motto gilt, „Zuerst einmal durchdrehen, danach sehen wir weiter", bedarf es schon einer Revolution, um Grundlegendes zu bewahren und zu schützen; Dinge, die es wert sind, weil sie sonst Gefahr laufen, einer hysterischen Neuerungssucht geopfert zu werden

Bei der konservativen Revolution geht es gegen die Gefahren der Diktatur, die Diktatur der öffentlichen Meinung inklusive, aber auch gegen Auswüchse der Demokratie bis hin zur Ochlokratie, der Pöbelherrschaft; um die Infragestellung des seit 1789 bestehenden Glaubens an den Menschheitsfortschritt; um die Absage an den neuen Menschen und die Hinwendung zu einem realistischen Menschenbild. Oder, um es mit den Worten von Ernst Jünger auszudrücken: „(...) Der Mensch ist aber nicht gut, sondern er ist gut und böse zugleich. In jede Berechnung, die der Wirklichkeit standhalten soll, ist einzubeziehen, dass es nichts gibt, dessen der Mensch nicht fähig ist."

Dies ist natürlich Kulturpessimismus pur, aber auch realistisch, und fernab jeder Utopie. Also kein Grund zur Resignation. Konservative Revolution heißt auch, vehement dafür einzutreten, dass es Selbstverständlichkeiten gibt, die nicht weiter hinterfragt werden können. Selbstverständlich sind Mann und Frau keine sozialen Konstrukte, die man nach Belieben auswechseln kann. Oder doch? Wenn die Kompliziertheit in den Armen der einfach Strukturierten liegt, wird regelmäßig mehr als eine Frage zu viel gestellt. Manchmal können zu viel Fragen und Reflektieren auch ein Kriterium für Dummheit sein. Die konservative Revolution berücksichtigt auch die besondere Wirkung der Romantik auf die Deutsche Volksseele. Auf die Hinwendung zum Irrationalen und Okkulten. Aber auch die Hochschätzung von Pflichten und Diensten. Dienen und Abtreten statt narzisstischer Selbstbespiegelung. Konservativ bedeutet auch nicht Rückschritt, sondern engagiertes Arbeiten am Veränderbaren und Akzeptanz von Unabänderlichkeiten. Und, was nicht häufig genug betont werden kann, Konservative Revolution hat mit Faschismus und Nationalsozialismus nichts zu tun, sie ist viel mehr deren Gegner. Nicht häufig genug zu betonen deswegen, da nach einer jahrzehntelangen und mittlerweile chronischen Verschiebung des politischen Koordinatensystems nach links alles als faschistisch bzw. nationalsozialistisch bezeichnet wird, was auch nur feinste Ausdünstungen von Preußentum oder Autoritarismus hat. Das ist ungefähr so, als würde man in Helmut Schmidt einen Stalinisten sehen, nur weil er Sozialdemokrat war und damit eher zum linken als zum rechten Spektrum der Politik gehörte.

Wenn konservative Werte von ehemals konservativen Parteien in Serie verraten werden, dann wird es höchste Zeit für eine Renaissance der konservativen Revolution!

Diese ist weder auf Deutschland beschränkt, noch begann sie erst 1918. Im Grunde begann sie mit der Französischen Revolution 1789, als der Glaube entstand, die Essenz des Menschen verbessern zu können. Der sich dagegen erhebende Konservatismus blieb nicht auf Frankreich begrenzt, sondern entwickelte sich von Deutschland ausgehend zu einer fundamentalen politischen Konstante mit globaler Dimension.

Der Konservatismus sollte jedoch in einem entscheidenden Punkt modifiziert bzw. neu gedacht werden. Der revisionsbedürftige Punkt ist der nicht nur aus der Romantik entstandene Hang zum Mystizismus und zur Irrationalität. Gerade in Zeiten von Fake-News und Verschwörungstheorien besteht hier kein Erweiterungsbedarf. Es kann nicht sein, dass in einem Wohnkomplex ein Kernspintomograph, der definitiv keine Radioaktivität erzeugt, nicht installiert werden darf, nur weil ein hysterischer Zeitgenosse sagt: „Aber ich habe Angst." Wenn naturwissenschaftliche Erkenntnisse zu beliebig austauschbaren sozialen Konstrukten werden, dann sind wir an den Hexenverbrennungen näher dran, als dies zur Zeit der Französischen Revolution (1789) der Fall war. Wissenschaft und Rationalität müssen wieder zum Lackmustest für das werden, was man Wahrheit nennen darf. Wohl vergegenwärtigend, dass es eine Transzendenz gibt. Und dann hat auch die konservative Revolution eine realistische Chance.

Im Rahmen der konservativen Revolution könnte man dann so einige deutsche Luxusprobleme lösen:

- In Deutschland ist es der Föderalismus, der direkten und raschen Entscheidungen jedes Mal den

Fehdehandschuh hinwerfen kann. Eine Wahl alle vier Jahre für ein Land – das reicht uns irrational romantischen Deutschen nicht. Wir wünschen es kompliziert. In allen 16 Bundesländern muss ebenfalls alle vier Jahre eine Wahl stattfinden, wodurch Entscheidungen der Bundesregierung mehr oder weniger konterkariert werden können. Kaum ein anderes Land der Welt hat mit einer solch hyperdemokratischen Luxuskultur zu kämpfen.

- Auch das Antidiskriminierungsgesetz ist so ein Fall. Mehr Gleichbehandlung hört sich natürlich immer gut an. Aber auch diese ist nicht nebenwirkungsfrei. Freie Entscheidungen von Vermietern, Arbeitgebern und Unternehmen werden massiv eingeschränkt.

Sowieso ist es höchste Zeit für eine Antidiskriminierung der Diskriminierung, denn Diskriminierung leitet sich ab vom lateinischen *discriminare*, was Unterscheiden bedeutet. Unterscheiden heißt nicht, dass für den anderen andere Rechte gelten. Die bleiben gleich, die Unterschiede aber auch. Wenn ein Professor für Physik und eine Umweltaktivistin ohne Schulabschluss einen Ladendiebstal begehen, sollten beide vor dem Gesetz gleichbehandelt werden. Geht es um die Risiken der Atomkraft, sollte das Wissen des Physikers die größere Autorität haben. Menschen ohne Schulabschluss haben in der Regel nicht Physik studiert.

In unserem gegenwärtigen Schulsystem hat Autorität einen schwachen Stand. Wenn die Zahl der Abiturienten in den letzten 30 Jahre sich verfünffacht und die Zahl der Einser-Abis in NRW sich von 2007 bis 2011 mehr als verdoppelt hat, dann spricht das mehr für Notengefälligkeit als für gestiegene Leistung.

Statt Autorität herrscht eine Stimmungs- und Gefälligkeitspädagogik. Der Preis ist, dass nicht mehr Helden der Leistung die Schulen verlassen. Zumindest ist bei Ausbildern und Professoren davon nichts zu hören.

- Auch bei der Begrenzung der Zahl der Abgeordneten im deutschen Bundestag könnte ein Quäntchen Autorität hilfreich sein. Die frühere Anzahl von 598 hat sich erweitert auf 736 Mitglieder, Ursache hierfür sind zahlreiche Überhangs- und Ausgleichsmandate. Effizienz, die sich häufig nach der Formel 1/N berechnet, wobei N die Anzahl der Mitglieder ist, wird dadurch nicht erreicht. Diese Fehlentwicklung ist das Thema zahlreicher Debatten, an denen selbstverständlich auch Parlamentarier beteiligt sind. Doch seit Jahren ist keine Änderung in Sicht. Wer unterschreibt schon gerne für einen Beschluss, durch den eventuell seine Einkommensgrundlage gestrichen wird? Nach Otto von Bismarck (1815 - 1898) ist Politik die Kunst des Möglichen. Es wird eine sehr hohe Kunst sein, ein autoritatives Prinzip zur Begrenzung der Parlamentsmitglieder zu konstituieren. Mit über ... Abgeordneten im Bundestag hat Deutschland schon jetzt eines der größten Parlamente weltweit. Auch so ein Luxus, den sich kaum ein anderes Land erlaubt.

Auch unbequeme Wahrheiten müssen wieder vermehrt artikuliert werden. Wie wäre es mit einer abgeschlossenen Berufsausbildung als Voraussetzung für das Wahlrecht? Natürlich völlig unpopulär. Populärer ist das Absenken des Wahlalters auf 16. Die Begründung der Linken wäre wahrscheinlich, ganz im Rousseau'schen Sinne, dass man mit 16 eben noch nicht so von der Gesellschaft verdorben sei. Dann könnte man auch in den Kitas alle vier Jahre Stimmzettel verteilen. Entscheidender ist da die Frage, warum man einen Führerschein zum Autofahren braucht, aber nicht, um wählen zu dürfen. Antwort: Weil ein politisches Grundrecht eines jeden Bürgers nicht weiter hinterfragt werden darf. Politiker wissen das und würden dieses Anathema niemals thematisieren. Denn sie wollen wiedergewählt werden. Spätestens jetzt spielt Kompetenz weder bei den Wählern noch bei den Gewählten eine Rolle. Nur die Autorität des Wissens kann die Herrschaft der Inkompetenz begrenzen.

eigentüm

Eigentum

und Recht

und Freiheit

lich frei